中华爱国人物故事

ZHONGHUA AIGUO RENWU GUSHI

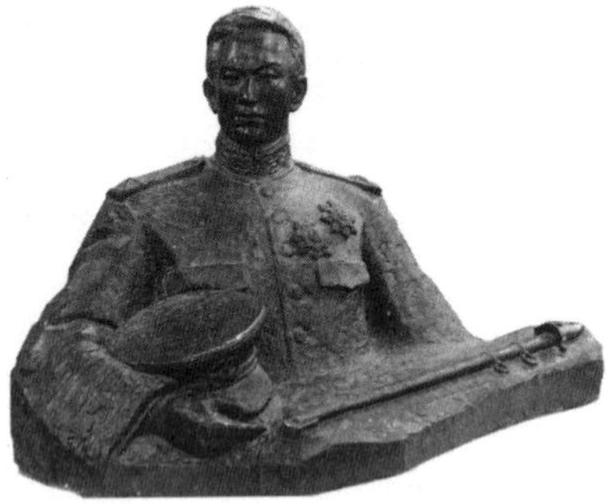

拔剑举义讨袁护国的蔡锷

任光椿　编著

吉林人民出版社

图书在版编目(CIP)数据

拔剑举义讨袁护国的蔡锷/任光椿编著. -- 长春：吉林人民出版社，2011.5
（中华爱国人物故事）
ISBN 978-7-206-07846-0

Ⅰ.①拔… Ⅱ.①任… Ⅲ.①蔡锷(1882~1916)-生平事迹 Ⅳ.①K825.2

中国版本图书馆CIP数据核字(2011)第075742号

拔剑举义讨袁护国的蔡锷
BAJIAN JUYI TAO YUAN HUGUO DE CAI E

编　　著：任光椿
责任编辑：郝晨宇　　　　　封面设计：七　洱
吉林人民出版社出版 发行(长春市人民大街7548号 邮政编码：130022)
印　　刷：鸿鹄(唐山)印务有限公司
开　　本：670mm×950mm　1/16
印　　张：8　　　　　　　字　　数：70千字
标准书号：ISBN 978-7-206-07846-0
版　　次：2011年5月第1版　　印　　次：2023年6月第4次印刷
定　　价：35.00元

如发现印装质量问题，影响阅读，请与出版社联系调换。

总 序

胡维革

《中华爱国人物故事》是一套故事丛书。它汇集了我国历史上80位古圣先贤、民族英雄、志士仁人、革命领袖、先进模范人物的生动感人史迹,表现了作为中华民族优秀传统的伟大的爱国主义精神。

爱国主义是人们对于"生于斯、长于斯、衣食于斯"的祖国的一种神圣感情,是人们对于自己民族的一种强烈的责任感和使命感,是感召和激励整个中华民族的一面永不褪色的旗帜。在漫长的历史上,爱国主义一直激励着中华儿女为祖国的独立、统一、进步和繁荣而英勇奋斗。从伟大的思想家教育家孔子到统一全国的千古一帝秦始皇,从秉笔直书著《史记》的司马

◆ 中华爱国人物故事

迁到鞠躬尽瘁死而后已的诸葛亮,从伟大的浪漫主义诗人李白到精忠报国的民族英雄岳飞,从七下西洋传播友谊的郑和到抗击倭寇的民族英雄戚继光,从苟利国家生死以的林则徐到为变法流血的第一人谭嗣同,从威震敌胆的抗联将军杨靖宇到人民音乐家聂耳与冼星海,从踏遍青山人未老的李四光到万婴之母林巧稚,从县委书记的好榜样焦裕禄到情系雪域献身高原的孔繁森……都表现出了强烈的爱国主义精神。正是由于热爱祖国的人们前仆后继地奋斗,国家和民族才得以生存,历经一次次历史危急关头而能转危为安,走向兴盛和富强,从而屹立于世界民族之林。爱国主义是鼓舞中华儿女历经忧患、跨越沧桑、百折不挠、自强不息的伟大力量,它贯穿于中华民族的整个历史,并有力

总序

地凝聚着五洲四海的中国人。

爱国主义是一个历史的范畴,在社会发展的不同阶段、不同时期有着不同的具体内容。革命时期,需要我们为祖国的独立自主出生入死;建设时期,需要我们为祖国的繁荣富强增砖添瓦;在全国各族人民团结一心建设富强、民主、文明、和谐的社会主义现代化国家的今天,我们要争做一名新时期的爱国者。新时期的爱国者要有强烈的民族自尊心和自豪感。民族自尊心和自豪感是任何时期任何爱国者都必须具备的情感。民族自尊心能增强我们自立向上的恒心,民族自豪感能树立我们建设祖国的信心。要树立"祖国高于一切"的崇高信念,为了祖国和人民的利益不惜抛却个人的利益,甚至不惜牺牲个人的生命。要树立终身学习的理念,拓

◆ 中华爱国人物故事

宽自己的知识面,广泛吸收新知识新技术,完善自身的知识结构,更新学习知识的方法与理念,从思想上、知识上充分武装自己,为祖国的繁荣昌盛贡献力量。

爱国主义思想的继承和发扬,是关系到民族盛衰、国家兴亡的根本问题。一代代人爱国主义思想情操的形成,需要不断地培养。培养爱国主义的一个重要途径是向爱国主义的英雄人物和典范事迹学习。这套丛书的出版,对于人们向英雄和先进人物学习,特别是对于在中小学生中进行爱国主义教育,将可提供一些生动的教材。祝愿此书出版发行成功,为培养"四有"新人做出贡献。

于2011年4月23日
世界读书日

中华爱国人物故事

编 委 会

策 划：胡维革　吴铁光
　　　　林　巍　李达豪
主 编：胡维革　邢万生
副主编：贾淑文　吴兰萍
编 委：(按姓氏笔画为序)
　　　　于二辉　门雄甲
　　　　刘士琳　刘文辉
　　　　孙建军　李相梅
　　　　李艳萍　杨九屹
　　　　谷艳秋　陈亚南
　　　　隋　军　韩志国

目录
CONTENTS

◎ 012　天生我材

◎ 022　良师益友

◎ 033　云南举义

◎ 049　只身虎穴

◎ 064　联络讨袁

目录
CONTENTS

拔剑讨袁　076

战事维艰　094

袁氏覆灭　102

日本养疴　108

举国震痛　116

天生我材

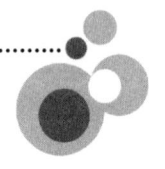

1882年,即清光绪八年,农历冬月初九日,瑞雪纷飞,大地一片洁白。这一天,在我国湖南省宝庆府邵阳县亲睦乡蒋家冲一家姓蔡的普通农舍里,诞生了一个瘦小的男孩。

接生妇一边给新生婴儿剪脐带、打包,一边高兴地向远远地坐在房门边念佛的蔡老娭毑报喜说:"恭喜恭喜,大娭毑,恭喜您添了一个孙崽。"

蔡娭毑连忙伸长颈根关切地问:"几斤重啊,大姐!"

"四……"接生妇望了望手中瘦小的、哭声喑哑的婴孩,眉头一皱,为了讨女主人的欢喜,便有意添斤加两地说道,"四斤九两,蛮富态的一个伢崽咧。"

蔡娭毑听了,就眉欢眼笑,急忙起身到堂屋里去烧香拜佛、祭告祖宗。

堂屋里烧着旺火。婴儿的祖父蔡国珍与父亲蔡正陵,正陪着一位头戴瓜皮帽,鼻梁上架着一副铜边眼镜,蓄着一嘴山羊胡须的老秀才,在那里吃茶。

听说生的是伢崽,爷爷、爹爹都喜饱了,就恭请秀才先生赐个佳名。

老秀才当然是早已有了准备的,吃了主人家的茶,吃了主人家的红蛋,听到主人的央求,便马上提起笔来,在一张廉价的烫金双喜红纸笺上,端端正正地写了"艮寅"两个大字,然后又在后面添了一行小字:"字松坡,皇清光绪八年,岁次壬午。冬月初九日寅时生。"

蔡锷

这老先生一面写，一面拈着花白胡须，摇头晃脑地解说道："令孙生于寅正时刻，日出之候，兴隆寇兆也。《书经》《尧典》云：'寅宾日出。'《皋陶谟》云：'同寅协恭和衷哉。'孔颖达疏曰：'使同敬合恭而和善也。'这就是说，令孙将来如朝阳初升，无限光明，必能协和万方，和衷共济，成就大业也。且此儿出生之榻，面向东北，窗外正对一小山，松林密布，枝叶茂密。夫东北之卦象为艮，艮者，山也。说明令孙日后，必然稳重如山，老成凝重，允负重任，故我名之为艮寅，以载其祥。恭喜恭喜，老员外父子，一生积德，和睦乡邻，可谓积善之家，必有后矣。"

婴儿的两位尊长，虽然不一定都能完全听懂这位老先生文绉绉的每一句话语的含义，但是，主要的意思他们还是能够领会的，听说此儿将来前程远大，有兴隆之兆、成就大业之望，都十分欢喜。

只是，当这婴儿长大以后，似乎对他的祖父和父亲如此郑重地敦请老秀才先生，引经据典地为他取的这个"佳名"，并不太喜欢，却自己给自己起了一个更响亮、更有劲的名字：蔡锷。

他也懂得引经据典地说："锷，剑刃也。《庄子·说剑》云：'天子之剑，以燕谿石城为锋，齐岱为锷。'共和之剑，则将以宪政为锋，民军为锷也。"

一代英杰，勋一位上将，辛亥革命武昌首义时，最早在云南宣布独立，起兵响应；袁世凯复辟帝制时，又挺然独出，力挽狂澜，在云南首举义旗，反对帝制，护国护法，兴兵讨袁，完成了连孙中山、黄兴都未能完成的倒袁任务，被誉为"再造共和"，"功在民国"的中国民主革命伟大先行者蔡锷将军，就这样诞生了，出世了。

　　这孩子似乎命中注定了将要与我国西南边陲的云南省，与宪政运动，以及与东邻的日本等等，发生一些不寻常的关系。因此，在他诞生的这一年，在中国和中国周边国家就发生了一些不寻常的事件。

　　这一年，1882年3月，法国军队侵入越南，攻占河内，中国的清政府命总理衙门筹商对策并令云南备边。

　　8月，清廷命云南提督唐炯率兵自云南出兵，驻越北，助刘永福抗法。

　　12月，清王朝又命云贵总督岑毓英筹商抗法对策督师抗法。

　　日本政府也正好于这一年，派伊藤博文赴欧美考察宪法，成立了立宪改进党，准备推行宪政，开展明治维新运动。

　　蔡锷就是在这样一种国际氛围中诞生和成长起来的。时代哺育了他，他也回报了时代。

　　然而，他的一生，却又似乎并不像那位秀才先生所

说的那么顺畅。在他的短短的34年的生命历程中，充满了惊涛骇浪、急流与险滩。

他一次又一次地跨过社会的陷阱，一次又一次地从死神的屠刀下闯过。

他幼为神童，捷才震惊乡里；十几岁投身维新革命活动迭遭险难，不得不背井离乡逃亡东洋；二十几岁参加辛亥革命，被举为云南都督，福民安邦，威播边城；三十几岁，拍案而起，带头推倒了清末民初中国政坛上最跋扈、最显赫、最强暴的大军阀袁世凯——康梁维新派、孙黄革命派、清末的摄政王，宣统母子和满族的宗社党等等都败在他手里——粉碎了袁氏复辟帝制的美梦

蔡锷故居

再造了共和，重铸了民国；他多次弃官不做，带头减薪，服务人群，蔑视利禄，身许国家，不谋私利，为后代军人，树立了一个光辉的典范。他是黄遵宪、谭嗣同、梁启超、熊希龄等所办湖南时务学堂的高才生，秦力山、范源濂等义、武名人都是他的同学，黄兴是他的挚友。他是中国最早的一批现代军事学家中的佼佼者，与蒋百里、张孝准并称为"日本士官学校的三杰"他曾与段祺瑞合署共事，与曹锟、吴佩孚、张敬尧、冯玉祥打过仗、交过锋，曹、吴、张、冯都曾是他手下的败将，有的同他打完仗又换帖，成了好朋友。李宗仁是他的学生。朱德、杨森都是他的部下。他当总司令时，朱德是他麾下的一名支队长，杨森更是他麾下的一名普通的排长，连长。他去世时，梁启超、熊希龄、范源濂为他写祭文；孙中山为他写挽联。他承先启后，继往开来，亲身经历了戊戌维新、自立军起义、辛亥革命、护国讨袁战争等一系列重大历史事件每一次都站在正确的前进的方向，并与维新党、革命党，甚至与北洋系乃至后来共产党军队的领袖人物都有过较好的关系，真的应验了那位老秀才所说的"协和万方""和衷共济"的预言。

1895年，即清光绪二十一年的春天，湖南学政江标，到宝庆举行岁试。在那里，他惊喜地发现了两名少年俊才：一个名叫石陶钧，另一名就是蔡艮寅——蔡锷。

石陶钧，字醉六，青鬓白面，丰神俊秀，是一个十足的美少年，诗文也好，最为江标所喜爱。后来江标竟为这个孩子，与长沙文绅叶德辉相互争夺，强龙难压地头蛇，最后终于被迫去职还乡，回到他的江西老家，悒郁而终。

蔡锷这一年才13岁，面色微黄，身材瘦小，远不及石陶钧那么韶秀，但是，他的文章才情，却一点也不比石陶钧差，某些方面，甚或过之，因此，也深为学政大人所器重。

那天，考期临近，江标带了几名随员，到考棚来巡视，只见考棚外，生员云集，万头攒动。有各种年龄的来报考的生员，有送生员来赶考的亲长族人或僮仆，还有不少兜售文房四宝、经史书籍，及各种吃食的摊贩商贾，热闹得很。

江标见身边有一个年龄大约才十二三岁的孩童，头上梳着一条分三股编成的乌油闪亮的小辫儿，身上穿着崭新的袍服马褂，骑坐在一名中年男子——显然是这孩童的父亲——的肩膀上，便含笑问道："你也是来赶考的吗？"

这孩童就是蔡艮寅。

他第一次走出家门，参加乡试，就见到了这样一位前簇后拥、雍容华贵、很有风度的学政大人向他问话，就连他的父亲也感到了十分的紧张，可是，他却一点儿也不怯场，挺挺小腰杆睁圆大眼睛，不卑不亢地回话道："是的，大人。"

江标心里欢喜，便想试试这孩子的捷才，他低头沉吟了一会儿，说："呵，小小年纪，童关甫过，就来赶考了，很难得嘛。本官现在就想考考你，即景出个上联，你能对上来吗？"

蔡艮寅自信地点了点头，两只眼睛也就睁得更大更圆了。

江标见他从容可爱，便随口念出了五个字的上联："儿把爷当马。"

蔡艮寅听了，略一思忖便冲口而出，对道："父望子成龙。"

江标听了，暗暗惊喜，觉得这孩子真不错，兴致也就更浓了，还想再考一考他。这时，他偶然瞥见这孩子的衣袋里斜插着一枝盛开的山桃花，显然是他们从农村来时，在路上新折的，便即景生情，又出一联道："小生员暗藏春色。"

小艮寅也不示弱。尽管由于紧张的思维他的小脸蛋已经涨得通红，但是他并不畏缩，只见他眉头一皱，立即接嘴答道："大主考明察秋毫。"

如此机警敏捷的才思与应对，把那位温文尔雅、饱读诗书的大学台江蒹霞先生和在周围围观的老少群众，全都惊呆了。人们发出了一片啧啧的惊叹之声。

这一科，蔡锷和石陶钧都考取了秀才，并且名列前茅。

考试完毕，发榜之后，江标又特意把他们两人，接到驿馆中去，同他俩进行了长时间亲切的谈话，进一步予以诱导。

江标问他们："你们宝庆府，有一位极有学问的先贤魏源、魏默深先生，你们都知道吗？"

蔡锷、石陶钧这两个青衿学子，对故乡的先贤，鼎鼎有名的学者魏源先生，当然是十分熟悉，十分敬仰的。

但是两个乡村少年，才十二三岁的孩子，面对这位比州县父母官还要清贵尊荣得多的学台大人，难免有些局促与紧张。因此他们都只是崇敬地睁大了眼睛，望着这位恩师，点了点头，却不敢多赘一语。

江标望了他俩一眼，又继续语重心长地说下去："今日的中国，内忧外患，处境已极危险。有志青年，都应该像魏先生那样，讲求经世致用之学，寻觅救国图强之道，切不可再埋头于八股试帖之中。世道将变，今后功名也必将不复在科举之中矣。"

这次谈话之后，第二天，江标就回长沙去了。随后不久，朝廷又改派翰林学士徐仁铸为湖南学政，江标就离开了湖南，回到了江西，从此再没有仕进，豹隐而终。

在蔡锷的生活历程上，江标与蔡锷似乎就只有这么一次短短的接触，然而这短短的接触，谆谆的话语，却无疑地在这个初出茅舍的农家孩子的心灵上，留下了深深的烙印。

良师益友

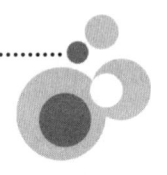

1897年春天，湖南长沙出现了一所引人注目的崭新的学堂：湖南时务学堂。

15岁的蔡艮寅以第三名的优异成绩，考入了这个学堂，成为这所学堂第一班40名学生中的高才生。

他在这里，第一次接触了当时中国最杰出的一些维新志士和爱国英杰如：谭嗣同、唐才常等人，并与这所学堂的中文总教习，当时已头角峥嵘、誉满全国的青年文豪梁启超，一见倾心，从此便永远并肩战斗，声气相通，结成了终生不渝的师友。

开学那天，梁启超与谭嗣同、唐才常、欧榘甲、熊希龄等人，正陪同来校参加开学典礼的学台大人徐仁铸、臬台大人黄遵宪等，坐在那间房门口贴着一副醒目的大红对联"揽湖海英豪力维时局，勖沅湘子弟共赞中兴"的教习室内，喝茶说话。

徐仁铸忽然抬起手来，伸出两根细长的手指，指着千个正默默地从教习室房门口走过的少年学生，对梁启超说："卓如兄，快看，那孩子就是我前天对你说起过的宝庆少年蔡艮寅，才情器识、操行文章，都是极好的，江兼霞离湘时，还曾特别向我引荐，说'此宁馨儿，捷才凝行，果敢沉毅，勤于思，讷于言，敏于行，将来必成大器'，要我们好好地培育他。这次，他来投考，名列第二，考试成绩也是很优异的。我们学堂这次招收的四十几名学生，都很优秀，加上梁先生和诸位教习，又都是学通中外、道贯古今的大家名士，乐育英才，循循善

谭嗣同铜像

诱，今后满园桃李，皆为栋梁，福国利民，前途正未可限量啊。"

梁启超口里应酬着，却用心仔细看了看那个缓缓走过房门前的名叫蔡艮寅的孩子，内心不免有些嘀咕，心想，这孩子名字很别扭，模样也颇平平，身材微嫌瘦弱，面目神色虽有凝重之感，但又略略显得有些稚嫩，走路倒是很稳健的，却又丝毫也看不出有什么特异之处，便点点头，微微一笑，也就罢了。

梁启超这一年才24岁。他是当时正蜚声寰宇、名震中外的"康圣人"康有为的高足；年甫弱冠，就入了庠，中了举，为广东学台李端棻所赏识并且亲以堂妹相许，结为郎舅之好。前年，他因在北京松筠庵与他的老师康有为一道，带领十八省举子，"公车上书"，呼吁变法，而一举成名，声誉播满神州。

去年，他才23岁，就在上海创办《时务报》并任该报的主笔，用他那"笔尖常带感情"的椽笔，撰写了《变法通义》《续变法通义》等一系列雄文，出版了《西学书目表》《西政丛书集成》等专著，大声疾呼，鼓吹变法图强，系统介绍西方名著，着力启发民智，在广大青年和民众中产生了振聋发聩、醒世觉人、廉顽立懦的作用，俨然成了一代青年的导师和戊戌维新时期一支最强有力的号角。

他早遇明师，出自高门，少年时便崭露头角，侧身清贵，二十几岁就著书立说，主笔大报，誉满中华，名动公卿。俗语云："曾经沧海难为水。"像他这样的人，阅人多矣，自视既高，眼眶亦大，是很难轻许于人的。因此，当他第一次见到蔡艮寅时，这平平凡凡的瘦小的乡村的孩子，似乎没有给他留下什么令他心动的印象。

但是，数月之后，当他与这个孩子接触久了，特别是当他读到这孩子用心撰写的一些读书札记之后，他就开始为这孩子忧国忧民的心志和勤学敏思的态度所感动，并逐渐对这孩子刮目相看了。

清光绪二十四年八月初六日，即公元1898年9月21日，慈禧太后在直隶总督荣禄等人的怂恿与支持下，突然发动了一次宫廷政变。

这天清晨，已退隐多年的慈禧突然从颐和园回到紫禁城，重出临朝，垂帘听政，并以迅雷不及掩耳之势，将光绪帝幽禁于瀛台，使之从此成为一名有名无实的傀儡皇帝，并且杀了辅佐光绪帝励行维新的"六君子"谭嗣同、杨深秀、刘光第、康广仁、林旭、杨锐，废除了一切新政。戊戌维新运动的主要领袖人物康有为、梁启超等，死里逃生，在日、英使领人员的掩护下，逃往日本。轰轰烈烈的戊戌维新惨遭扼杀，全面失败。中国的社会与政治，一切复于旧观。

这就是历史上所说的"戊戌政变"。

戊戌政变后，陆续逃亡到日本的原湖南时务学堂的师生们，都深深地怀念着在政变中牺牲的他们的师友谭嗣同。

当时，所有的维新党人、革命党人都为谭嗣同英勇就义时悲壮激烈的慷慨情怀所感动，人们都传诵着谭嗣同在临死前对梁启超说的那一段豪言壮语："各国变法，无不从流血而成，今我中国未闻有因变法而流血者，此国之所以不昌也，有之请自嗣同始！"流传着谭嗣同临刑前奋笔疾书的那四句绝命词："有心杀贼，无力回天，死得其所，快哉快哉！"并且把谭嗣同的狱中题壁诗："望门投止思张俭，忍死须臾待杜根，我自横刀向天笑，去留肝胆两昆仑！"谱成歌曲，到处传唱。

时务学堂

尤其是唐才常、林圭、李炳寰、田邦璇、蔡锷等人，更是椎心泣血急于一战，恨不得马上起兵，直捣京华，捉住慈禧、刚毅、荣禄、袁世凯等人，为他们的老师谭嗣同报仇。

这时，康有为也自称曾得到光绪帝的密诏，令他"迅速出外"，"设法相救"。因此，他也到处游说，呼吁国内民众和海外侨胞，一切爱国之士，都联合起来出力出资，兴师勤王，讨伐慈禧，扶光绪帝重出执政。光绪帝维新变法决心本来就深受世界各国舆论和一贯有忠君爱国之心的广大侨胞的支持与拥戴。对光绪帝被幽禁的处境，中国人民和世界舆论也都是很关注，很反感的。因此，大家对康有为出兵勤王的主张，也都十分支持，踊跃响应。

许多华侨都捐出了大量资金，协助康有为、梁启超、唐才常等组织义军，出师勤王。

于是，在康有为的授意和梁启超等人的组织筹划下，唐才常、秦鼎彝、林圭等，便决定立即回国在长江沿岸，联络会党，策反新军，发动民众，起兵勤王，先占领长江沿岸各重要口岸，并以武汉为根据地，夺取汉阳枪炮厂的武器，然后扩军北上，直捣幽燕，拥光绪帝复辟，继续将维新大业进行到底，将中国建成为一个虚君立宪的现代民主国家。

1899年冬天，唐才常、林圭等归国之日，梁启超、沈翔云、戢翼翚等还在日本东京红叶馆设宴为他们饯行。孙中山、陈少白、平山周、宫崎寅藏等革命党领袖和日本友人，也都前来祖饯。血战在即，生死当前，群情激昂，慷慨话别，大有"风萧萧兮易水寒"的气概。

这次饯宴会，蔡锷也参加了。

他也很想跟唐才常等一道回国去，起兵发难决一死战，为谭复生师复仇，用自己的鲜血，为黑暗的祖国，闯出一条光明的新路。

但是，刚开始，梁启超并没有同意他的请求。

那天夜晚，蔡锷和唐才质、范源濂三人，从红叶馆回到大同学校后，都聚集到梁启超房里。蔡锷和唐才质再次向梁启超提出要求，希望回国去参加战斗。

梁启超考虑他们年纪还小，学业要紧，不同意他们过早地投入冒险行动。

他劝他俩说："你们的心意，我是很明白的。今日的中国，专制独裁黑暗腐朽愚昧落后，瓜分之兆，已迫在眉睫，凡我血性男儿，忧国志士，谁不焦虑？谁还能安心坐在书斋里平静地读书？你们对复生师的感情和复仇之心，我也都能体味。我同谭复生的交谊也是很深的。北京诀别时，他对我讲的那些话，时时都如暮鼓晨钟，滚滚春雷，长鸣在我的耳畔，轰响在我的心头。这样一

蔡锷塑像

位一心为国为民，无私无畏的奇男子，竟然遭到杀害，伏尸街头，谁又能不痛心切齿！但是，大丈夫生世间，固当为国家民族立大志，建大功，创大业，造福万民，流芳后世，方不负此一生，切不可轻举妄动，因小愤而乱大谋。而图大事者必须谋深虑远，待时而动，忍人所不能忍，耐人所不能耐，岂可逞一时之愤，感情用事，轻易冒险，满足于匹夫匹妇之勇哉？你们年纪都还很小，十七八岁，脑力正健，根基又好，正宜乘此人生最宝贵之时光，刻苦学习，丰富自己，待学业成就之后，再去报效国家，才能有大的建树和更好的奉献。古人云："十年面壁""百年树人""大音希声""大器晚成"就是这个道理。这次起义，由佛尘、锡珪、力山他们去办就行了。他们年龄比你们大，经验比你们足，朋友比你们多，情况比你们熟，会有成功之望的。至于你们，我看还是先

安心在这里学习为好。"

蔡锷、唐才质都认为梁启超的意见是有道理的，但是，他们仍然希望立即回国去参加战斗。他们认为，从国内传来的情况看，慈禧已经立了大阿哥，很可能会对光绪帝下毒手。光绪一死，政权完全到了慈禧后党手里，中国的维新和改革事业就会毫无希望了。现在华北又出现了义和团运动，后党顽固势力，正在勾结并利用这股势力，打起扶清灭洋的旗号，盲目排外，挑衅滋事，一旦挑起战乱，国家就会有瓜分之祸，人民也会饱受战争之苦，中国的政治也会更加走向反动。时间紧迫，再不动手，就会太晚了，来不及了。读书学习，固然重要，但现在的中国青年，毕竟还是读书的人多，能够拿起武器来，直接同恶旧势力战斗的人太少。在这种情况下，多一个人就多一分力量，多一个人也是不容易的。因此，他们还是决定立即赶回国去，投入起义。

梁启超知道他俩意志甚坚，也不好再阻拦，只好成全他们的心愿，同意了他们的请求。

接着，他们师生四人，又进一步研讨了起义的步骤与方法。

梁启超、唐才质两人都同意唐才常、林圭的意见，认为目前起义，只能依靠会党势力，先借助会党的力量，打垮清朝军队和官僚政府，然后再图建设与改造。为此，梁启超自己就参加了三合会并成为龙头大爷，以便掌握会众。蔡锷却认为，会党势力当然也可以适当地有选择地予以利用，但是，会党人员芜杂，又有浓厚封建意识，难以成就大事，因此不可能作为主要的依靠。起义的主力，还应该是经过训练的有组织的军队。真正起义了，打起仗来，没有正规的军队，也是不行的。因此，他认为当前最要紧的工作，还是要深入各地新军队伍之中，做好宣传、串联工作，以忠君爱国思想激励新军官后，发动他们起来勤王讨贼，支持维新变法，起义才有成功的希望。

梁启超听完了唐才质、蔡锷的议论，微微点了点头，又回过头去，问范源濂道："静生，你的意见呢？"

范源濂坐在灯影里，一直没有作声，见老师垂问了，才伸伸腰，缓缓地答道："松坡、洁尘的想法，都各有其道理。为救燃眉之急，眼前也只有这些办法可行了。不过，这都不是根本之计。要救中国，最根本的还是要靠普及现代教育，非先以爱国主义和进步思想教育国民不可。如果我四万万同胞都具有现代文明素养，懂得爱国，知道怎样爱国，知道怎样维护和发挥自己的民主权利，以监督政府，推动社会进步，中国的事情也就好办了，不愁不富强了。如果老是像现在这样，百分之六七十、七八十的人，都是文盲和半文盲，处于愚昧落后之中，我们就是起义一百次一千次，国家也还是无法富强的。所以，我很同意老师的教诲，目前我们还是应以学业为重，从根本上做起，踏踏实实，一步一步地做去。轻举妄动，急躁冒进，看似爱国，实则误国，那是没有什么好处的。"

梁启超听了，再一次点了点头，沉吟了片刻，才慨然说道："好吧，看来人各有志，是很难，也不必勉强同一的。你们既然各有抱负，各有志向，那就各行其志去吧，我也不再勉强你们了。"

一句话说得大家都眉开眼笑，欢腾起来。

第二天，蔡锷和唐才质就匆匆地乘海轮回到上海去了。范源濂这位未来的大学教授、教育总长，却仍然独自留在日本东京的高等大同学校，埋头苦读，为他的教育救国事业打好基础，做好准备。

戊戌六公子

云南举义

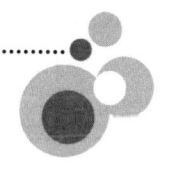

1911年6月,《曾胡治军语录》已经杀青付梓,李经羲才正式任命蔡锷为云南新军第十九镇第三十七协统领。三十七协司令部就设在昆明城内的承华圃。

蔡锷记取了以前在广西的经验教训,这次到云南,除带了沈江渡、雷飚一两个湘籍同乡外,一律不用私人,不用戚友,只是一心一意地培育云南军界青年,因而受到了云南军界青年普遍的拥戴。

这时,在云南新军中,主要有两股力量,一股属北洋系;一股属日本士官系。军队的上层领导、主要骨干,如第十九镇统制钟麟同,督练公所总参议靳云鹏,第七十三标标统丁锦辎重营管带范毓灵,机枪营管带李凤楼、马标标统田书年等,都是袁世凯派来的北洋系军官。他们都是忠于朝廷、忠于袁世凯的。而各标、营的中下级军官,则多为留学日本士官学校毕业归来的留学生。其中以蔡锷的职位最高，资格亦最老。他是日本士官学校第三期的毕业生，地位权力仅在统制钟麟同一人之下。其他留日士官生则还有第五期的殷承瓛，第六期的李根源、唐继尧、罗佩金、刘存厚、谢汝翼、李鸿祥等约二十余人。这些年轻的军官，大都已经暗中参加了同盟会，成了孙中山、黄兴一系的革命党人，革命热情十分高涨。

1911年，是中国数千年历史上翻天覆地的划时代创纪元的一年。

这一年的1月，湖北振武学社改组为文学社，举同盟会员蒋翊武为社长，在清军新军中积极发展社员，已拥有新军官兵八百余人，为武装起义创造了条件，积蓄了力量。

3月24日，黄兴在广东领导广州起义，亲率先锋队攻入两广督署，因叛徒泄密，清军已有准备，因而遭到失败，死难者有方声洞、林觉民、喻培伦、林尹民、林文、陈可钧、饶国

黄兴领导长沙起义时的戎装像

梁等72人，葬于广州黄花岗，史称黄花岗七十二烈士。这一场血战，大长了人民的志气，大灭了清廷专制王朝的威风，为辛亥革命拉开了序幕。

4月8日，同盟会员温生才刺毙清署理广州将军孚琦，温生才亦被捕遇害，使各地清军将领闻风丧胆，为辛亥革命武昌起义成功发出了夺人的先声。

7月，宋教仁、陈其美、谭人凤等在上海成立同盟会中部总会，筹划在长江中下游举行起义，对鼓舞和推动辛亥革命武昌起义起到了重要的作用。

8月，成都一万余民众举行保路大会，反对铁路国有，列队到四川总督衙门请愿。四川总督赵尔丰命令军队开枪，民众死伤多人，群情激愤。

革命怒涛顺长江而下，一浪复一浪，高潮迭起，于是爆发了改天换地的武昌起义。这些消息传到云南，在云南军民中也产生了巨大的影响。

武昌起义前后，云南新军各标营中的同盟会员，都经常聚集在报国寺李鸿祥家、绿水河左家巷唐继尧家和小西门大街大富春街口福元堂后楼谢汝翼家等处，召开秘密会议，筹商起义之事。

蔡锷也常常参加他们的会议。

1911年(辛亥) 10月10日，武昌起义成功，起义军民攻占总督府，控制了武汉三镇。清湖广总督瑞澄不战而逃,逃离武汉,逃往上海。起义军成立了军政府,制定了红黑黄三色十八星的共和国旗,推举黎元洪为革命民军都督,广贴布告,宣称要"建立中华民国""共图光复事业"。

此后,南北风动,全国响应。湖南、陕西、山西、江西都相继成立了军政府,举起了民国的旗号。

10月28日夜,蔡锷、唐继尧、谢汝翼、刘存厚、李鸿祥等,再次聚集到福元堂姚家中药铺后楼唐继尧新迁的住房中,紧急磋商,同谋大举。决定于30日午夜12时,以夜间演习为名,举行武装起义,攻占督署,夺取全城,并一致推举蔡锷为起义的总指挥。

这次聚会,还商定了起义各标、营联络用的口号,以及起义军的标志——军帽上一律蒙上白色的布套。

会后,第二天,蔡锷即设演习(起义)总司令部于圆通山南麓的江南会馆,准备万一起义受挫时,便率兵上圆通山,夺取制高点,继续战斗。

七十四标乃云南新军的主力部队,且标统罗佩金,第一营管带唐继尧,第二营管带刘存厚,第三营管带雷飚,都是士官学校同学或同盟会员,因此,蔡锷便决定亲自到巫家坝去,发动第七十四标官兵,首先发难,作为起义的主力。

10月30日晚8时,驻在北校场的七十三标第三营士兵，正为准备起义，搬运子弹，被北洋系队官安焕章、唐元良发现，上前制止，双方发生了争执。士兵们急于起义，一时怒起，便开枪打死了安焕章、唐元良和另外一名北洋系督队官薛树仁，从而提前四个小时打响了起义第一枪。

同盟会员，七十三标第三营管带李鸿祥，见枪声已响，全营哗然，不能再拖延了，便让号兵吹响集合号，集合全标二个营的士兵，提前起义。第一、二营管带成维铮、齐山杰不愿参加起义，闻讯后，当即逃离营盘，匿入民家。李鸿祥乃指派刘祖武为三营营长、马为麟为二营营长，并亲自任统领和第一营营长，整队出发，去攻打省垣。

第七十三标标统丁锦，率领卫队，赶来阻拦，被起义军击溃，丁锦弃队逃亡。

李鸿祥、李根源带领的这支起义军，首先攻入昆明

武昌起义门（中和门）

城北门，攻占了银圆局和江南会馆，焚烧了学台衙门及虹溪试馆，并在围攻军械局时与清军展开了激战。云贵总督李经羲也早有准备，闻变后，立即派第十九镇统制钟麟同，总参议靳云鹏率辎重营和宪兵队占领五华山，控制制高点；又命机枪营管带李凤楼，辎重营管带范毓灵等，协助督署卫队与巡防营增强督署守卫。

蔡锷在巫家坝，听说七十三标已提前开火，攻入市区，也不得不提前行动。

10时左右，蔡锷全副戎装，腰佩银剑，身旁还有杨蓁、范石生两名讲武堂特别班的高才生，紧握手枪，左右护卫，面向第七十四标标统罗佩金，炮队第十九标标统谢汝翼以下的全体官兵，庄严地宣布了起义的号令、目标和要求；随后，便亲自带领这支起义新军，向昆明城进发。

他们的队伍，几乎没有遇到什么阻拦。

起义军经过南天台时，机枪营管带李凤楼闻风来降，带领机枪营加入了起义的行列。

起义军行近太和街时，马队第十九标标统田书年不战而走，逃往贵州。

起义军进入昆明城后，蔡锷立即指挥炮队标统谢汝翼以重炮猛轰总督府、五华山、军械局等重要阵地，守卫总督府的范毓灵被炮弹震死，守卫五华山的第十九镇统制钟麟同临阵自杀；与钟麟同一道驻守五华山的靳云鹏则化妆轿夫，逃出了省城；同时，他又安排得力亲信，保护李经羲及其家属先经二纛街至如意巷、入萧巡捕家中藏匿；后来又转入法国驻昆领事馆躲避；最后又派出一队枪兵，秘密护送李经羲全家至河口出境，以减少阻力与流血，回报李经羲的知遇之情。

午夜12时前，第七十四标第一营管带唐继尧的军队攻占了总督府；起义军队控制了昆明全城。起义取得了完全的胜利。

1911年11月1日，起义军成立了"大中华国云南军都督府"，公推蔡锷为都督，并在五华山设立了都督府。这一年蔡锷才29岁。

蔡锷出任云南都督府都督后，夙兴夜寐，励精图治，日理万机，万象俱新，他着重抓了以下几件事：

一是改良政治，革新机制，汰除浮冗，节俭俸给。前清财政由藩司管理，钱粮又分属粮道，工农、商、矿各业由劝业道管理，盐务又分属盐道，机构重叠，管理分散，都督府成立后，蔡锷即将藩台衙门，粮道衙门及劝业道、盐道等衙门全部撤销，而成立精干的财政司，实业司以理其事。

尤为难得的是，他身体力行，带头减薪。1912年1月，他公开致电各级军政长官，约定"酌减薪俸，以期略纾民困,渐裕饷源,"带头将他自己的薪俸,从600两,减为120两;副都督的薪俸由400两减为120两,同年6月,他再次通电全省说:"现因国事多艰,再加裁减,凡军政学警各界,除分认爱国公债外,其原薪在60元以上者,均减为60元;以下递减;唯目兵暂仍其旧。"这样减薪的结果,蔡锷把他自己的薪俸,从600两减少为60两,半年间减少了10倍!都督的薪俸减得同一名副督尉(相当于后来的营长)的薪俸相等。

他是辛亥革命时期第一个带头减薪的都督,他是中国历史上第一个带头减薪到十分之一的一省最高长官!他也可能是中国历史上第一个,或许也是唯一一个实际上履行了"巴黎公社原则"的人!

他的这一明显带有乌托邦色彩的举措,很可能遭到一些旧官吏内心的反对——他最后终于未能在云南站稳脚跟,与此不无关系——然而,他的这种精神,无疑是很可贵很难得的,并且也因此受到云南广大人民和下级军官职员们的热诚拥护。后来,他之所以能够只身回云南,登高一呼,全省响应,军民协力,终于取得了护法倒袁,反对帝制的伟大胜利,这显然是一个很重要的原因。

二是坚持统一,扫平叛乱,惩恶除害,维护治安。光复之际,旧的满清政府已经解体,新的政权尚未建立和巩固，于是各种社会渣滓纷纷泛起，匪盗不良之徒乘机蠢动，杀人抢劫。奸淫妇女，人民生命财产失去保障，社会结构失去稳定与平衡。这时候，年轻的蔡锷，毫不犹豫，当机立断。他迅速采取有力的措施组织力量，扫平匪盗，打击顽恶，坚决保卫社会的治安和人民的身家安全，在云南全省很快就建立了新的秩序，把远处西南边陲，与众多外国接壤，境内民族又极多，情况极为复杂的云南省建设成了全国最稳定最和谐最有秩序的省份之一，这也是很难得很不容易的。

三是在翻天覆地，改朝换代的革命大潮猛烈冲击下，他仍能腾出力量，坚持建设，发展教育，奖励工商，振兴实业。如军都督府成立初，蔡锷就命令于都督府设学政司，后又奉中央之命改名为教育司，专司教育之事。在昆明高等学堂新设英法文专修科，培养留学人才；又

云南起义军塑像

于曲靖、昭通、蒙自、普洱、保山、丽江等地增设师范分校，以培育师资；并通令全省小学，加授兵式体操，以增进学生体质和尚武精神，为全国之首创。此外，他还设公娼，禁私娼，辟公园，修公沐池，定宴会菜肴不得超过八簋，以改良风俗等等。

蔡锷出任都督期间，还拟订了《云南矿务暂行章程》以开放为宗旨，振兴矿业，广辟利源。他还命令在省城设立了矿物化验所和地质调查研究所，靠科学兴矿，对发展云南矿业起了很好的作用。

他注重农林，拨出归化寺，华亭寺两大寺的年租，作云南农务总会的经费，并在各地增设蚕林实业团，制订《垦荒牧畜森林章程》，改良种棉制茶技术等等，也都收到了很好的成效。

在他担任都督一年多的时间内，他还向中央政府倡议，修筑邕滇铁路；筹建了富滇银行；筹设五路电线，全长5200余里；实现全省各县通邮；创设汽船通航；发行纸币与银圆等，一时间百废尽举，万象更新，整个云南出现了一片生机勃勃，欣欣向荣的局面。

1912年，古老的中国进入了在一场巨大变革后随之而来的剧烈蜕变的大动荡时期。

这一年的1月1日，孙中山在南京就任中华民国临时大总统。中华民国正式诞生。

2月12日，清宣统皇帝宣布退位，延续了数千年的中国封建帝制到此告终。

2月13日根据事前的南北协议，孙中山辞去临时大总统职位，推荐袁世凯为临时大总统，刚刚摆脱封建帝制的中国，从此又开始进入了军人执政和军阀混战的时期。

在孙中山辞职，袁世凯上台之前，身为云南都督的蔡锷，高瞻远瞩，洞察先机，曾经于1912年1月20日致电孙中山、黄兴及各省都督，态度鲜明地指出：

……我军乘此朝气，何敌不捷？乃甘受袁氏之愚，一再停战，旷日持久，糜饷老师，试问彼于停战期内，西侵秦晋，南攻颍亳，朱家宝又已纵兵寿州，我再承守议和，大局必为所误，伏乞大总统赫然震怒，长驱北指，直捣虏廷，滇军北伐民团业已出发，现正厉兵秣马，预备参加……

1月26日，他又两次致电孙中山、黎元洪等指出：

……此时直无议和可言，唯有诉诸兵力耳，至作战计划，孙陈各都督所见甚伟。滇处僻远，未敢遥度，唯有简率精兵，结联黔蜀，长驱伊洛，期共勠力中原。进止机宜，敬候中央指示……

……大总统孙，上海黄元帅，武昌黎元帅，……现更挑选精兵，成第三师团，添配机关枪械，专事北伐，已饬受两元帅指挥调度矣……

1月27日，他还以云南都督名义颁布了庄严的北伐誓词。

正是他在辛亥首义之后，第一个喊出了北伐的呼声，并采取了实际的行动。然而，可惜的是，他的呐喊，他的行动，却没有得到任何积极的响应，于是，孙黄退缩，北洋咄进，无数先烈长期奋斗，用大量鲜血与头颅换来的民国政权，不及百日，竟又重新落入了专制军阀袁世凯等一伙人的手中！

直到袁世凯上台后，北伐已成泡影，在各方面的怀疑、误解与舆论责难下，蔡锷才只好下令撤回了已经北伐出征的援川军、援黔军等军旅，并一再通电宣称：

适闻和局已成，毋庸北伐，当即饬滇军分道撤还，陆续还滇。

嗣后川事以不过问为宜，非得中央命令或川政府恳求，即如何糜烂，可以置之不顾……

前泸叙各属人民电留滇军，敝省均已婉谢，此后无论如何，滇军绝不过问。至黔事甫定，仍请中央妥筹善法，早卸滇军之责，而释中外之疑，云南幸甚！

查滇军对于川省，迭遭疑谤，此后无论如何糜烂，滇军决不与闻……

在这种局势下，他的心情，显然是很悲凉的。

他知道，袁世凯在小站练兵多年，北洋兵力羽翼丰满，既然孙中山、黄兴等都退缩了，不愿与之抗衡；那

蔡锷塑像

么，他在云南，远处边陲，山河重阻，一省之兵力又能有什么办法呢？好在民国已经创立，今后要约束和制衡袁氏，也只好依靠政党与宪法的力量来起作用了。

于是，袁世凯刚出任临时大总统不久，蔡锷就在云南首先带头成立了统一共和党云南支部并出任支部长。

那天，他头有些晕眩，声音也有些嘶哑，但仍然坚持着到统一共和党的大会上去发表演说。

潘蕙英不放心，便要何鹏翔、龚泽润和修承浩三个人一起陪蔡锷去，并且还亲手熬了一点人参汁，用一只小保温瓶盛着，让何鹏翔放在手提包中，带到会场上去，给蔡锷提神。

蔡锷硬撑着站到讲台上，面对数百名统一共和党员，吃力地演讲道：

过去的清廷，落后于时代，老是害怕人民起来干预政事，百般钳制，压制民众的思想与呼声，人民久困于专制压力之下，逐渐形成奴性，再不敢仰首伸眉，论列是非，于是人民参政思想愈薄，爱国之心也愈微，结果导致民心散薄，国家积弱，险象环生，危症百出……

说到这里，他感到一阵气喘，脸红心跳，声音也喑哑了。何鹏翔连忙上去，让他喝了一口参汤，他喘息了一会儿，才继续讲下去。

去年震撼天地之大革命出，全国响应，帝制终于废除，共和终于成立。不料半年以来，局势愈来愈令人焦虑，政府成了汉流袍哥出入之所，军队成了无业莠民麋集之薮，匪盗猖獗，民生穷蹙，加之党见分歧，省自为政，争权夺利，人重私图，内政纷纭，人心浮动，有识之士，能不憨然以忧？西人云：民主政治，乃政党政治。盖亿万民众，各有所业，不可能同时执政，必须推举精英，组成政党，以为其代表，保护其权利；为之服务也。鄙人月前曾致电黎熊谭张诸公，请其联合诸社团，组建政党；并派萧君前往内地各省，联络一切。现鄙人建议，已获多数同志赞同，并已于四月初一日，在上海召开统一社会党成立大会，将原有之国民共进会、政治谈论会、共和统一党三者合为一体，共同努力，建设新的民主立宪国家。以愚所见，本党主义，务以国家为前提。欲谋人民之自由，须先谋国家之自由；欲谋人民之平等，须先谋国家之平等。国权乃维护人权之保障，国权大张，何患人权之不伸？万望吾党同志，务必认识此理，勿徒骛共和之虚名，长国民凌嚣无秩序之风气，反令国家混乱衰弱也。而本党一切宗旨，均应以国家之乐利，人民之幸福为旨归，个人之利益当所不计焉……

参加这次大会回来，他就咯了一口血，声音也更加喑哑，差点把潘蕙英吓坏了。

夜间，潘蕙英躺在蔡锷身旁，发现蔡锷一身火烫，也很着急，再三劝他注意身体。

蔡锷苦笑着说："这下，你应该后悔了吧，我早就劝过你，不要嫁给我，我是个苦命人，事情多，磨难多，身体又不好，你跟了我，会受苦的！"

潘蕙英却笑着说："我不怕受苦，也不后悔。只要你像个听话的大孩子听我的话，要你吃什么就吃什么，喝什么就喝什么，我保证在半年之内，一定让你百病全消，把你保养成一位身强力壮名副其实的将军。"

听她说的那么真诚，那么自信，蔡锷也开怀地笑了，紧紧地拥抱了她。

这个年近三十岁的男子，多少年戎马倥偬，潘蕙英对他的真挚恋情，使他第一次尝到了真正的温柔与爱的滋味。

只身虎穴

1913年9月28日，袁世凯就以批准蔡锷三个月的病假，调蔡锷"来京调养"为名，将蔡锷调离云南，召到了北京，并让唐继尧接替蔡锷的云南都督的职务，断绝了蔡锷的退路，从而造成了一种"天下英雄尽入我彀中"的局面，使江南半壁继中原北国之后，也都完全变成了他袁世凯北洋军阀的一统天下。

这次蔡锷由滇赴京，意外的竟与前干崖土司刀安仁同行。

刀安仁字沛生。为滇缅边境干崖地区之土司。清光绪二十二年，中英会勘中缅边界时，英人恃强，欲侵我疆土，安仁主动向清廷上书，献防卫之策，并亲率士卒，与英军力战，毙敌多人，只因受到清廷界务委员刘万胜阻挠，被迫撤退。使干崖司失地一百八十余里，孟印司失地28寨，陇川及其他司亦失地不等。安仁愤恨清廷之无能与软弱，乃辞去土司职务，将权力交给其弟掌管，并西游印度，东至日本，欲"师夷之长"以求强国富民之道。他在日本东京法政学校留学三年，加入孙中山领导的同盟会后回国。时值辛亥革命武昌首义爆发，安仁即率兵出干崖，在腾越举义，杀死腾越守备，逐走道尹和知县，被举为都督，欲出兵攻榆，只因蔡锷等已在昆明反正，成立了云南都督，始罢。安仁出走仰光。这次他是被中国同盟会仰光分会推为代表，才与蔡锷同路进京的。

两人同乘一艘客轮，内心虽不免有些隔阂，但长途旅行，朝夕相对，谈起彼此共同的友人秦鼎彝来，感情反倒逐渐融洽了。

提起秦鼎彝，刀安仁感激涕零，愤愤地说："自从力山兄来干崖之日起，他与我谊胜骨肉，情同兄弟，我刀安仁能有今日，全靠他的诱导与帮助。对我干崖地区的实业建设与教育开发，力山兄的贡献也是很大的，在干崖处处都有他的心血痕迹。干崖青少年子弟，也无不蒙受过他的教诲，雨露之恩，至今仍感念不已。可是现在竟有人造谣，说是我杀害了他，真是混账已极。谣诼如奇刃，杀人不露形，实在是可恶可怕得很。不过一想起力山兄英年早逝，我也万分惭愧，抱恨终生。我是不应该让他离开我，把他单独留在干崖的。如果我邀他一起

拔剑举义讨袁护国的蔡锷

蔡锷

去印度日本游学，彼此互相照顾，他是不会这么早就去世的。直到我在日本法政学校留学三年后回到干崖时，我才知道，我走后，他在干崖，曾受到我弟幕友彭某的排挤与倾轧。他的处境是很艰难的。他病后，我又不在他身旁。想他孤身一人，流落边城，既无亲朋，更少知友，一个人孤独而寂寞地死在异乡，回想起来，其凄凉之状，真催人泪下"。

听了刀安仁的诉说，蔡锷也感慨万端满怀悲凉，回顾往昔，凄然欲泣，深情地说："力山兄才情过人，早年在东京大同学校时，也是我们全班同学中的翘楚，身材修长，举止潇洒，热情奔放，缕析事理，口若悬河，为文，下笔千言，挥毫立就。卓如师曾让他主持横滨《清议报》笔政。凡此种种，至今思之，仍历历如在目前；我与力山，戊戌年在长沙时，即已相知。戊戌政变后，又同赴日本，在大同学校同学，友爱弥笃，也是情逾骨肉的。庚子年义和拳事起，他曾只身赴天津，见义和拳大师兄，欲说服义和拳首领，率众反正，反清革命，差点丢了性命。回到安徽，便参加了自立军的起义，率领沿江水师据守大通督销局货厘局，以大炮击沉清兵炮艇八艘，大火轮一艘，与清兵激战七昼夜，最后因孤立无援，弹尽粮绝，始弃城而去。待我从湖南携带微款，赶往大通，想与他并肩战斗时，可惜他已弹尽不支，退往九龙山中去了。至今思之，仍有遗憾。力山是一位真正的爱国者、革命者，民主斗士。他少年时就爱读法国学者之书，服膺民主民权之说，以身许国，奔走呼号，毫不考虑个人安乐，年近三十，尚未成家，英年早故，实为国殇，是很可敬也很可惜的。这次进京，我们应该吁请政府，隆重追恤褒奖这些为革命而献身的英烈，以弘扬正气，激励后来，安慰力山兄等之英灵于九泉也。"

从重庆到上海，他俩还在舱房中，面对江岸，默坐致哀，以寄托他俩对这位亡友的哀思。

1913年10月，蔡锷在上海转船时，会见了章士钊等湘籍友人，听到的一些情况，都令他触目惊心。

这年4月，河南出了个"白狼"。宝丰县人，在豫西起义，攻克禹县，号称"公民讨贼军"，提出"打富济贫"的口号，横行鄂豫皖边境，后又进入陕、甘、川三省，连破老河口、雩县、盐厘、岷州、洮州、秦州等地，中原动荡。

6月，袁世凯突然下令免除国民党系的安徽都督柏文蔚、江西都督李烈钧、广东都督胡汉民等人的职务。一纸夺兵权，蛮横地把江南诸省全部纳入其掌握之中，于是东南各省，顿成鼎沸。国家的局势已更加严峻了。

7月，袁世凯派李纯率领北洋军进入江西，攻占湖口，李烈钧仅以身免，逃往海外；随后讨袁军在南京上海也节节失利，国民党势力一败涂地，孙中山、黄兴等再次流亡日本。

10月，袁世凯在北京，以数千军警，化装为"公民团"，包围议会，强迫众议员选举袁世凯为大总统，从而舆论哗然，众议沸腾。

尤其令蔡锷惊骇的是他的同乡、日本士官学校同学、湘军旅长赵恒惕的遭遇。

由于前一段在国民党的"二次革命"中，赵恒惕曾

经敦劝湖南都督谭延闿，站在孙、黄一边，宣布湖南独立，有反袁倾向，"二次革命"失败后，汤芗铭一进入湖南就把赵恒惕抓了起来，"槛送北京"，交陆军部依军法论处，判处三等有期徒刑，受尽凌辱，还差点送了性命。

另外，还有江西、浙江等省民军都督的遭遇，也是令人寒心的。

江西欧阳武，在李烈钧誓师讨袁时，曾被推举出来当了几天挂名的江西都督。讨袁失败，北洋军进入南昌时，他害怕北洋军报复，便弃职逃往吉安青原山，披上袈裟，削发为僧，改法号为止戈，冀图逃出祸乱，隐居丛林，从此不问世事，了此残生。谁知这样的人，竟也被北洋军队搜捕出来，投入了监狱！欧阳武在狱中上书

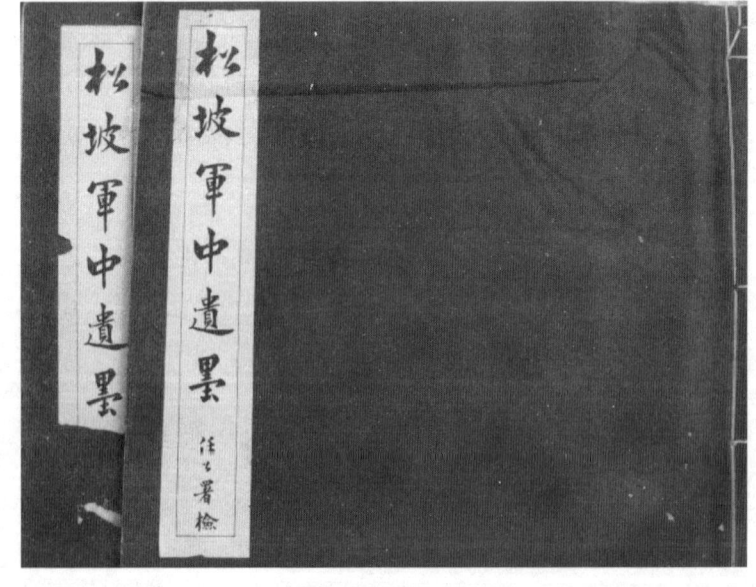

李纯，乞怜地说："祖父九旬，老父七旬，为武不肖，朝夕聚哭，求死不得，言之心酸！"李纯不敢擅自处理，只好向袁世凯报告并奉命将此人"槛送入京"，被判处八年徒刑！

浙江都督朱瑞，乃辛亥元勋，攻克南京的主将之一；在"二次革命"中，又曾通电全国，宣布中立，没有发表任何反袁的言论。事后，袁世凯竟也把他召到北京，当面进行考验责问他，说："介人，你若反对我，就应该像他们一样宣布独立；若是你反对乱党，就应该出兵讨伐，扫平叛逆；可是，你却保持中立，这是什么意思呢？"

吓得朱瑞哑口无言，胆战心惊，出了一身冷汗，人们都传说，那汗水把袁世凯赏给他穿的马褂和皮袍都全部湿透了！

所以，当蔡锷到达北京，第一次到中南海居仁堂去觐见袁世凯时，他的内心是很紧张的；同时又是有准备的。

开始，他按照疆吏入觐大总统的仪式，穿着都督的制服，佩剑锵然，很早就赶到总统府承启处去候见。

他坐在承启处，等候了十分钟左右，便有一位承启官进来，传达袁世凯的训示，说："遵大总统的吩咐，请蔡都督不必拘礼，可换便衣进见。"

蔡锷连忙站起来，点头应承，并准备立即回去改装。那承启官却笑着说："都督不必费心了，大总统早已为都督准备好了袍服，放在这里，请都督就在这里更衣。"

蔡锷知道其中的奥妙，也不犹豫，立即当着那承启官的面，解去佩剑，脱掉全身戎装，只着一身内衣内裤，有意让那承启官看个清清楚楚，明明白白，然后才接过他递过来的皮袍马褂，穿着起来。蔡锷穿好袍服，往壁上的穿衣镜内一照，心头又不免一怔：那马褂，那皮袍，竟是那样的合身适体，就好像是有谁仔细量过了他的身体后定做出来似的。他心中暗想，就从这些细小的地方，也可以看出袁世凯的心机来了。

袁世凯在前年河南秋操时，是见过蔡锷一面的。这次重逢，他显得格外的亲热，笑盈盈地坐在那把特大的披着皋比的交椅上，伸出手来，迎接蔡锷，态度亲切而又得体。

他等蔡锷在他的侧旁坐定之后，又仔细打量了一番蔡锷的身体与面色，才笑呵呵地说："松坡啊，听说你这几年在云南工作得很好，把个云南治理得百废俱兴，社会安和，鱼不动水不跳的，还帮助了周围的四川、贵州，和西藏安定西南，功业昭著，真是难得得很啊！不过，看样子，你是太辛苦了。你应该早来北京休养嘛。你年纪还这么轻，来日还长得很，鹏程万里，未可限量嘛，你应该为国珍重，多多保重才好啊！"

蔡锷有意露出病弱之色，微微喘息，极其恭谨地欠身回答说："卑职一介军人，不懂政事，因遇时会，谬承重任，督滇多年，毫无建树，窃位素餐，惶愧之至，滇黔近年，稍得安静，皆赖大总统威望隆重所致耳。卑职自幼体弱多病，常思退养久矣。承蒙大总统关注，感激何似。"

袁世凯第一次召见蔡锷，并未讲多少话，寒暄后，随意问了几句，就让蔡锷回寓所休息去了。

两三天后，当他再一次正式召见蔡锷时，情况就又不同了。

这一天，总统府内，气象森严，从新华门到居仁堂，两旁都是三步一岗，五步一哨，站满了警卫。

蔡锷虽是久历戎行的军人，但当他在承启官引导下，恭恭敬敬地从长长的总统府的仪仗队与警卫队面前走过时，也不能不肃然起敬，深深感到一种威严肃穆的气氛。

经过前大的接见，和三日来各方面送来的报告，袁世凯对蔡锷此人，已是了然于心，如见肺肝，基本上放心了。蔡锷的文弱恭谨，沉着镇定，毫无一般留学生和青年将领极易沾染的骄矜放纵浮躁之态，这一点也给他留下了极深的印象。他觉得，这个蔡锷真不简单，年纪轻轻的二十几岁就能坐镇边国，威重西南，安边治省，举重若轻，且又端庄静穆，不露声色，稳健持重，极有城府，比起孙文、黄兴、陈其美、李烈钧等躁进之人来，似乎沉着多矣！如此人物，留在外边，让其坐大，久之必成后患。不如留在身旁，牢加笼络，使之为我所用，更好一些；且其身体文弱，只身来京，如爪牙已去，羽翼尽剪，也较易控制，便决定把他留在北京算了。

他身着大元帅的军礼服，绶带纹章，金光闪闪，高坐于大总统的宝座之上，对肃然侧立，不敢就座的蔡锷，缓缓发话道："松坡，昨日我已下令，让唐继尧回云南去接替你的职务。湘省人事也都作了一些安排。今后你就别回南边去了。就留在这里，助我管理全国的军政大事；同时，也可以安心治病，养好身体，为国家做更多的贡献。你看怎么样？"

蔡锷听了，连忙躬身回答道："卑职才疏学浅，少不更事，承蒙大总统垂爱，留京谬用，敢不奉命！只是愧无长才，虽有愿效犬马之心；而德薄能鲜，诚恐难供驰驱之任耳，还望大总统多多教诲。"

袁世凯

通过这两次接见，蔡锷就被调离滇军，留在北京了。

袁世凯先让蔡锷当陆军编译处副总裁，负责制订军事计划，编译军事教材；随后又调蔡锷为总统府统率办事处办事员，协助他办理全国军务；11月，他别出心裁，成立了一个由十大名流组成的政治会议，派蔡锷为政治会议委员，其他成员还有李经羲、梁敦彦、樊增祥、宝熙、马良、杨度、饶汉祥、杨士琦等全国各界及各方面的名人代表，想用它来代替难以驾驭的国会；后来，他又派蔡锷为参政院参政；到明年，1914年，他又成立了一个将军府，任命段祺瑞为建威上将军，主管将军府，同时任命蔡锷为昭威将军，蒋尊簋为宣威将军，张凤翔为扬威将军，协同段祺瑞，管理将军府的事务。

虽然名义显赫，却都是一些副职，蔡锷心里明白，袁世凯这些做法全都是学的日本明治维新时对付幕府华族的手段，即"宠以虚荣，去其实权"而已，对此，他也不在乎，形势如此，他也只能居人篱下，但求尽已所能，有所作为，以报效国家而已。

1915年春，袁世凯为加强对西南各省的控制，特派他的长子袁克定的拜把兄弟陈宧出任四川将军，带领北洋军的任祯祥、冯玉祥、李炳之三个混成旅入川，会办四川军务。

陈宧是湖北安陆县人，清末考中过拔贡，后来又住

过武昌的自强学堂和武备学堂，为四川总督锡良所赏识，让他做四川讲武堂总办；锡良调任东三省总督时，又把他带到东北，保举他做新军第二十镇统制、派他到德国去考察军事，回国后任奉天清乡督办。他与蔡锷年龄相若，经历相同，职位相侔。他们两个人又都不是袁世凯的北洋嫡系，却又都在北京陆军部系统供职，境况也是很相类似的。加上又是湖南湖北大同乡，所以在京时彼此来往较多，惺惺相怜，友情甚浓。

陈宧离京赴蜀时，曾亲自到蔡锷宅来向蔡锷告别，请蔡锷帮他推荐一些人才，蔡锷便把修承浩、雷飚等人介绍给了他，一来表示自己不拉山头，不搞个人势力，自己拆散自己的力量；二来也可以借此表白自己对袁氏和陈宧的忠诚愿意竭诚相助，连自己的旧属，都可以让出，竭诚奉献；第三还可以让雷飚、修承浩等，早些离开北京，逃出袁氏的魔掌；最后，更重要的则是，雷飚、修承浩等到了四川，留在陈宧身边工作，实际上也就是在四川，在陈宧身旁，安下了几颗钉子，为今后的入川讨袁行动作好了准备。

开始，他找修承浩、雷飚等人商量时，修承浩、雷飚都不愿意离开他，他只好推心置腹地向他们表明了心迹，劝告他们说："辛亥革命，建立民国，这是无数英烈鲜血换来的革命成果。现在，大总统听信某些外籍顾问和筹安会少数昏人的谬论,准备复辟帝制,自立为皇帝,这种倒行逆施,肯定是行不通的。它既违反时代的潮流,也不符合四百兆民众的心志,必然遭到全国军民的反对。我是一个革命军人,辛亥革命的民军都督,决不能对这种反动复辟行为低头让步。如果我蔡松坡也跟着筹安会的那些人一道,向复辟帝制者三跪九拜、俯首称臣,那么,你们跟着我,还有什么意思呢?如果我不顺从大总统的意愿,站起来反对帝制,那么,我很快就会遭到袁氏的打击,随时都会有杀身之祸,灭门之险,你们怎能跟着我,守在这里,冒生命的危险?所以,我才不得不让你们先离开这里跳出这虎穴狼窝,回到南方去,待时而动,另谋新路。四川这几年,盗匪如麻,民不聊生,你们到那里去,剿匪安民,也可以尽一个军人的职责,为人民做一些好事情。如果我有幸能逃脱罗网,获得自由,我是一定要起兵讨袁,反对帝制,维护共和的。那时候,我们再重新聚首,共同战斗,为保卫民国而战,岂不更好?"

听了他的这番话,雷飚、修承浩才不得不服从他的安排,决定跟随陈宧到四川去。

蔡锷又嘱咐他们,到四川后,一定要努力工作,勤政爱民,先在四川站稳脚跟;既要真诚辅助陈宧,取得陈宧的信任做他的有力助手;又要尽量向陈宧灌输民主共和意识，帮助他逐渐认清复辟帝制的反动性，争取他能够站到反复辟斗争的这一边来；并要切实掌握一支军队，到必要时，为保护民主共和而战斗。同时，他们还在一起商定了今后秘密联络，互通情报的方式与办法，雷飚、修承浩二人心中有了底，才安下心来，同意暂时离开蔡锷随陈宧到四川去，开辟新的天地。

陈宧第一次出任一省军政首脑，正苦于人才缺乏，人手不足，能得到蔡锷如此有力的帮助，给他介绍的像雷飚、修承浩等这样一些青年英俊干练之才，内心自然十分欢喜。他知道修承浩文思敏捷，熟悉公务，就让修承浩给他当秘书；雷飚是青年军官，娴于军务。便让他到川军中去当旅团长，为他掌握军队。两个人，一文一武，都好像成了他的亲信骨干，左右臂膀，被他带到四川，安排到重要的岗位上，为后来护国军入川作战之胜利，起到了很重要的作用。

雷飚、修承浩等疏散走后，蔡锷又以家庭妻妾不睦、婆媳不和为由，先后分两批将他的母亲和妻子潘蕙英以及几个孩子，送回了家乡。

为了蒙蔽特工耳目，免除袁世凯的怀疑，蔡锷事先同潘蕙英进行了商量，让潘蕙英以反对蔡锷讨妾宿娼为名，大吵大闹，闹得天翻地覆，邻舍皆知，然后便假装生气，离家出走，带着长子端生、次子永宁等几个孩子，最先离开北京，回到了南方。

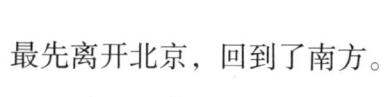

随后，他又以老年人不服北方水土为名，派专人将老母王太夫人稳妥地护送回了宝庆。

他的三弟松墀，也被他资送到美国留学去了。

全家人都陆续逃出了虎口，只留下他一个人只身在京，了无牵挂，这样就为他与袁世凯恶势力周旋斗智，创造了更好的条件。

蔡锷与家人的合影

联络讨袁

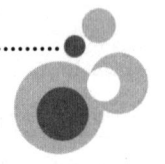

一切安排妥当之后，蔡锷又加强了与有关各方面的联络。

他首先给远在美国的黄兴，写了一封密信，暗示了自己准备离京南下，兴兵讨袁的计划，希望得到黄兴等革命党友人帮助。

同时他又派贵州代表王伯群，拿着他的密信先到云南昆明贵州贵阳等地去秘密地与唐继尧等滇军将领取得联系，转达他的意见，说明他的计划，争取他们，及早做好准备，待他一旦回到云南时，便立即举行讨袁护国的起义。

更重要的是，他还多次潜往天津与梁启超进行密商，并通过梁启超与岑春煊，陆荣廷等西南各省军政要人，建立了联系，决心共同南下，发动云、贵、川、黔、粤五省联合大起义，以维护国体，粉碎袁世凯复辟帝制的迷梦。

他的行动计划,很快就得到了黄兴等人的回应。

这时,黄兴由于在建党问题上与孙中山发生了一些分歧,没有参加孙中山的新的建党活动,而有意回避,远去美国,正匿居在美国费城附近的米地亚小镇,潜心考察美国的社会与政治,豹隐以待时。

1915年7月的一天,当黄兴在米地亚镇接到蔡锷的密信时,他无比兴奋,立即派出蔡锷的同窗好友石陶钧,拿着他的手书,到日本东京去找蔡锷的另一位窗友张孝准,嘱咐张孝准,设法与蔡锷取得联系,并负责协助、接应蔡锷离开北京,绕道日本,回到云南去,发动讨袁战争。

蔡锷收到了张孝准的密信后,又特派殷承瓛秘密前往东京,与张孝准、石陶钧见了面,告诉他们蔡锷"不久即将过倭地赴云南,但请设法避去新闻记者与袁探的耳目",并与张孝准,石陶钧一道研定了掩护蔡锷出京和秘密经天津过日境前往云南的路线、办法和各项具体事宜。

这时,袁世凯豢养的一批大官僚和御用文人,已经加快了帝制的复辟的步伐。

8月23日,梁士诒、段芝贵、朱启钤、周自齐、张镇芳、唐在礼、雷震春、江朝宗、吴炳湖、袁乃宽等10

人，秘密成立了大典筹备处，密电各省将军和巡按使，要他们"以各省公民名义，向参政院上请愿书"，要求恢复帝制。

9月10日，国民会议事务局又密电各省："将来投票决定，必须使各地代表，共同一致，主张改为君宪国体，而非以君主、共和两种主义听国民自由选择……投票时派人监视，密令照选。"

这些密件，不知怎么又为舆论界所获得，各大报都以照相制版，竞相刊载，于是丑态毕露，群情哗然。

连日，英、俄、法、意五国驻华使节，也都找到外交部，进行劝阻，指出"中国改行帝制，难保国内不引起骚动"，"希望中国政府暂缓实行"。

在这种情况下，蔡锷的决心更加坚定了。

1915年11月11日，正当北京各政府团体，紧锣密鼓，为筹办袁世凯称帝的登基大典而忙碌的时候，蔡锷却悄悄地离京出走了。

1915年12月19日，蔡锷一行抵达昆明，在昆明车站再一次受到了云南军民的热烈欢迎。

昆明市民，倾城而出，夹道欢呼，以最大的热情，迎接了这位历尽艰险，万里来归的民主共和捍卫者。

在这前后，国民党系的李烈钧、方声涛等也来到了昆明。

当天下午，云南的唐继尧将军，在五华山滇军总部，设宴为蔡锷等接风。李烈钧、熊克武、方声涛等也都参加了。宴后，大家就进入密室，共商讨袁大计。

对宣布独立、兴兵讨袁一事，唐继尧一直是犹豫的。

他年纪轻轻的，就当上了云南将军，俨然一方土皇帝。他是云南人，能当上云南这块地方的最高头目，他也就心满意足了。他内心觉得，袁世凯待他也不薄。他这个云南将军就是袁世凯授封的。不久前，袁世凯还秘密派了人来，告诉他，帝制复辟后，还准备封他为一等侯爵。连他的父亲老爷子都拄着拐杖说："尧伢子，都封侯啰，你还想要什么喽？"他也知道，只要他能够像现在这样唯唯诺诺地跟着袁世凯干下去，袁世凯还可能给他更多的赏赐，那么他还反袁干什么呢？

对蔡锷如此不畏艰险、风尘仆仆地赶回云南

来，他心中也是有疑虑的，许多滇军将领，广大滇军官兵，对蔡锷的那份热情，那份敬仰，更使他感到震惊和不安。蔡锷是日本士官学校第三期毕业生，他却是第六期，人家是学长；云南光复时蔡锷是都督，他只是一名参谋部次长，人家是上司。论学历，论资格他都不能同蔡锷相比。如果让蔡锷在云南重新站稳了脚跟，哪里还有他唐继尧今天这样的地位？

因此，在起兵讨袁这个问题上，他的内心是很犹豫的。然而，他又不敢公开表露出反对讨袁反对蔡锷的态度。

他是同盟会员，同盟会的云南支部长。他当然不愿意轻易丢掉"革命党人"这个时髦的、光彩的、颇能赢得一班革命青年拥护的外衣。

他也知道，在滇军将领和中下级军官中，日本士官生不少，同盟会员、国民党人更多，讨袁的呼声是很强劲的，拥护蔡锷的力量也不小。如果他公开表示出反对讨袁，反对蔡锷的态度，就很有可能被革命党人视为腐朽官僚，失去广大青年和军队中中坚力量的拥护与支持；甚至还有可能迅速失去立足的基础，失去现有的一切权势和地位。

特别是当着李烈钧、熊克武、方声涛等这些人的面，他更不敢露出丝毫亲袁护袁的面貌。他知道这几位都是国民党革命派中的精英。他们的背后还站着孙中山、黄兴……他怎么敢得罪这些革命的大老呢？

最后，还有这位深受云南军民拥戴的，同孙中山、黄兴、梁启超、熊希龄、李经羲、岑春煊等各方首脑都有联系，在革命青年中威望又很高的蔡锷。

因此，他只能采取模棱两可的态度，口头上反对恢复帝制，却又一再拖延公开宣布讨袁的时间。

他的主要论点是，滇军与北洋军相比，实力太悬殊。以小敌众，以小敌大，以下敌上，以一省敌全国，困难很多，胜利是很难有把握的。而且国家刚太平一两年，人心厌乱，云南一省首先用兵，不一定能得到全国民众的支持与拥护，万一失败，云南省多年积蓄起来的这一点力量，就将毁于一旦，很难再复原。前年，孙、黄二位，口协和兄在江西、南京发起讨袁战争失败后，革命党遭到严重破坏至今仍未恢复，仍难再起，就是前车之鉴。孙先生急于成功，反倒失去了立足之地，又多么可惜！所以，我们还不如静观事变，徐徐图之，待内地有人首先发难后，我等再响应，如同辛亥革命那年伺机而行可能更好一些。

蔡锷、李烈钧等大多数将领自然都不同意他的意见。

因第二天上午即将在报国寺召开滇军军官大会。这天夜晚，蔡锷、戴戡、殷承瓛三人就由唐继尧、刘云峰、

刘祖云等人安排，暂时先在报国寺后院东厢之内歇宿，后天再搬到都督府去。

僧房禅院，窗明几净，倒也整洁幽静，十分宜人。

东厢房分里外两间，都有窗户开向走廊。戴戡就让蔡锷住里间，他自己则和殷承瓛住外间，彼此有个照应。

天黑后，一名小沙弥提了壶开水，进房来沏茶，临去时，频频以目视蔡锷，若有难言之隐，见蔡锷颔首，便知道对方已解己意，始逡巡而去。

蔡锷感到怪异，便将其所沏茶水，泼一些到地上，茶水落地，竟泛起一层白沫，久聚不散，并有烟气升起，心中知其有毒，更为疑虑。

入睡时，他便先将灯光熄灭，然后将床榻稍稍移出约尺余，又将踏板移至帐后，挨墙放下，而以长枕置榻上被中，作人卧之状。他自己则和衣挤卧于墙榻之间狭窄的木踏板上，以观动静。午夜后，果有足音悄然来至窗外，以无声小手枪隔窗瞄射榻上，连发三弹，然后逸去。

蔡锷险情已过，始沉沉入睡。

第二天早晨盥洗后，蔡锷将昨晚之事，悄悄讲给戴、殷二人听。开始，戴、殷二人还不敢相信，便去取来茶壶，灌茶水于墙脚蚁穴之中，触水蚁虫，须臾间竟都挣扎而死！又去看榻上，则被中长枕，已连中三弹，子弹仍在枕内糠壳之中！

戴戡、殷承瓛亲眼看到现场物证，都十分愤怒，便要声张，要去找唐继尧查问，强烈要求他派人查处此案，却被蔡锷制止了。

蔡锷劝告他们说："现在的情况，十分复杂、微妙。北洋势力已渗透此间，其爪牙甚多，耳目亦不少。国民党来了这么多人，他们中间随着孙、黄的歧异，也有分歧。唐其赓与袁世凯、孙中山都有联系，因此，他态度游移，举棋不定。处在这种情况下，我等既要坚持目的，又要注意谐和，一言一行，都必须格外谨慎才对，一旦孟浪，造成内部分裂与对立，事情就更难办了。古人说'小不忍则乱大谋'，就是这个意思。昨晚之事，只能你

蔡锷塑像

知、我知，暗记在心，今后加倍警惕就是了，却千万不能声张。不然我们兵还未出，先在自己内部，弄得疑神疑鬼，满城风雨，那就正好上了敌人的圈套了。"

戴戡、殷承瓛听了，也都觉得有理，才把这件事压了下来。盥洗后，刘云峰、刘祖武来陪蔡锷等吃早餐，听了这些事，也都十分气愤。刘祖武便决定马上从他的队伍中，抽一个精锐排出来，交给蔡锷，作为蔡锷的卫队；再挑选一两名粗壮机警的枪手，做蔡锷的贴身警卫，以免蔡锷再次遭遇不测之险。

早餐后，由唐继尧主持，在护国寺大堂内，召开了云南省高、中级军官欢迎蔡锷回滇的大会。蔡锷应邀在大会上发表了激动人心的讲话。

站在讲台上，面对着无数双热情仰望着他的部属们的眼光，他只觉得心潮澎湃，热血沸腾。

他尽量提高因长途奔波、备历艰险而开始嘶哑的嗓音，慷慨激昂地说道："弟兄们，朋友们！我回来了！四年前，我曾经和弟兄们一道，在这里欢呼过专制的覆灭，民国的诞生。可是，四年后的今天，却有人想要推翻民国，复辟帝制，让全中国同胞重新跪在某一个人的脚下，做某一个人的臣民、奴隶。朋友们，我们能够允许吗？能够答应吗？不！我们必须重新战斗，来维护我们的民国，维护我们的共和！我今天就是回来同弟兄们一道战斗的!"

"自清末戊戌维新以来,无数先烈,流血牺牲,为之奋斗者,宪政也,共和也!辛亥以后,民国创立,我四万万同胞所翘首企盼者,亦宪政也,共和也!而彼袁世凯,却欲逆四万万同胞之心志,废宪政,毁共和,复辟帝制,刮天下膏脂,以奉其一人。"

"是可忍,孰不可忍!"

"今天,我们欲兴师讨袁,所争者四万万同胞之人格,而绝非为个人权利地位之私也。"

"西哲云:不自由,毋宁死!我们今日也是这样,与其屈膝跪拜,称臣而生,毋宁为国民之自由与共和断头而死!……"

他的演说,赢得了千百袍泽满堂将士,一阵阵雷鸣般的掌声。

坐在他身旁的唐继尧,显然也受到了感动。

这天下午,蔡锷再次与唐继尧商量时,唐继尧的态度,便略微有了些转变。他提出了一个"先礼后兵"的步骤,要求先联名发一个电报给袁世凯,转达云南军民的意见,要求他停止复辟帝制的举措,如果袁世凯接受大家的意见,能够自动放弃帝制,那就算了,也免得大动刀兵,劳民伤财;如果袁世凯硬不觉悟,坚持要做皇帝,到那时,我们再起兵讨伐他也不迟。而且,先礼后

兵，名正言顺，将更能得到全国各方的拥护。

蔡锷原来在天津与梁启超商定的计划，是要一回云南，马上就出兵，乘袁世凯还来不及调兵遣将之时，便以迅雷不及掩耳之势，攻其不备，出其不意，迅速夺取四川、贵州、广西等地，立足西南，进图中原，登高一呼，全国响应，一举而定大局的。他很担心如果时间拖久了，让袁世凯有了准备，从河南、湖北、湖南调兵入川入黔，增强了兵力，阻挡滇军的出路；再从广东抽调龙济光的军队，袭击云南的后部；到那时候，滇兵再出动，就被动和困难多了。但是，他又无法反对唐继尧"先礼后兵"的建议。大权既在唐继尧手中，他也就不得不妥协应付，勉强同意唐继尧的意见了。

23日，他们便以云南将军唐继尧、云南巡按使任可澄的名义，联名致电袁世凯，劝袁氏取消帝制。

袁世凯收到电报后，不但没有接受他们的意见，反而大发雷霆，复电指责他们："事隔三日，背驰万里！"口气很强硬。

这样，到25日，在蔡锷等人的坚持下，唐继尧理屈词穷，再没有什么借口了，才不得不同意通电全国，宣布独立。

电文是蔡锷亲拟的，电文一开头就说："天祸中国，元首谋逆。"并且旗帜鲜明地指责袁世凯："既为背叛民国之罪人，当然丧失元首之资格。"

云南独立了！要出兵讨袁了！消息传出之时，昆明城内，遍悬民国国旗；全城民众，欢声雷动；许多市民、学生和士兵都自动组织游行，高呼"打倒袁世凯"和"拥护民主共和"的口号；鞭炮之声，此起彼伏，彻夜不息。

于是一声春雷，天下震动。从此拉开了中国近代史上又一场永放光辉的护国战争的序幕。

蔡锷家书

拔剑讨袁

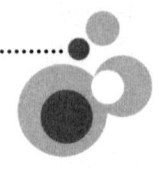

　　云南独立后，蔡锷在军政体制和人员配备、兵力分布上又遇到了新的麻烦。

　　按他原来的计划是，云南恢复军政府，成立护国军，由唐继尧和他分任都督和总司令二职，共同完成讨袁的任务。

　　开始，戴戡、殷承瓛、刘云峰、刘祖武等许多将领都想拥举蔡锷出任都督，而让唐继尧任讨袁军总司令。可是，被蔡锷拒绝了。

　　蔡锷当时考虑到：第一，唐继尧原来曾当过贵州都督，回滇后，又任云南将军。现在，如果不让他当都督，地位权力稍低于过去，他内心就肯定会不满意，不利于团结讨袁；第二，鉴于唐继尧与袁世凯的关系和他近来对袁世凯的态度，让唐继尧领兵讨袁，也不可能全力投入战斗，还恐怕他消极敷衍，误了讨袁的大事；第三，蔡锷如果出任都督，人们会有误解，以为他离京回滇来，不是为了反对帝制，维护共和，而是为了来当都督，抢地盘，与唐继尧争权夺势。因此，他极力主张，举唐继尧为都督而自任总司令，亲率士卒，出滇讨袁，不成功则成仁，以一死以谢天下。

然而，他未曾料到的是，尽管他如此处处忍让，成全唐继尧，而唐继尧却似乎并不信任他，不但不支持他，甚至还利用都督的职权和坐镇昆明总揽后方大权的条件处处掣肘，给他设置了不少的难题和障碍。

而且唐继尧再次就任云南都督后，在成立护国军时，却并不明确任命蔡锷为总司令，而将护国军一分为三，设了三个总司令。还将本来人数不多的滇军一分为三，平均使用力量，既分散了有限的兵力，又削弱了主攻四川的力量，使蔡锷督师入川时，手中竟只有3000余名士兵！每名士兵竟只有200发子弹！这种情况，在战争史上，也是很罕见的。

然而，蔡锷动心忍性，屈以求伸，并不气馁。

他决心要以精神的力量，来弥补人员与物资的匮乏，排除万难，去争取胜利。

恰好这时候，他的好友石陶钧也从美国赶回来，投到他的身边来了。

戴戡、殷承瓛、刘云峰等也都分头住到兵营，抓紧

组训军队去了。刘祖武则仍回滇南,继续担任南防师的职务,牢牢把守祖国南疆的大门。

蔡锷便和石陶钧两人住到一起,日夜商讨行军作战计划,起草公文布告,做好精神动员的工作。

他们弄了点米酒,准备了一大包红薯片、炒黄豆和花生米,放在案头上,一边写作,一边就用花生米喝酒,挑灯并坐,"鏖战"通宵,切磋文字,斟酌语气,竟连夜赶写出了:《讨袁通电》《致驻外各公使电》《致河内法国总督书》《促各省兴师讨袁电》等。

所有这些重要文电,都是蔡锷执笔,石陶钧参谋修改,由这两位当年的宝庆神童,在这场力挽狂澜的救国大业中,互显神通,一气呵成,一挥而就的。

写到快天亮时,蔡锷放下笔,站起来,伸伸腰,打了个呵欠,搂着他这位青梅竹马总角之交的漂亮朋友的肩膀疲惫地说:"喂,醉六,醉六,我们老是写这种唐宋八大家式的古文和四六句子,也写厌了,民众又不一定都能读懂这样的字句,我们何不像黄遵宪老先生说的那样:'我手写我口',用人们常说的大白话口气,写一首《告同胞书》试试,你看怎么样?"

石陶钧也回过头来,眉飞色舞地表示赞同道:"好哇!我觉得,同老百姓说话,还是大白话好。"

于是蔡锷就又伏到灯下去起草。石陶钧也站起来,立到他的身后去观看，只见蔡锷提起那支普通的羊毫笔，摊开一叠纸，饱饱地蘸了一笔浓墨，便挥挥洒洒地疾书起来。

这显然是五四新文化运动以前出现的一篇极难得的白话文章。

写完最后一个字，蔡锷把笔一丢，嘴里连声说："不行了，不行了！"便扶着石陶钧的手臂，摇摇晃晃地往床铺边走去。两个才30来岁的年轻人，刚刚并肩倒下去，身子一接触到铺盖，就呼呼地睡着了。

他们是太疲倦了。

这时候，即使窗外的报晓鸡已经开始啼唱，也惊不醒他们酣沉的睡梦了。

蔡锷就任护国军第一军总司令时，虽然一切都搅乱了他原来的计划，事事都并不如他原来的想象。以唐继尧为代表的云南地方势力，以李烈钧、方声涛为代表的孙、黄国民党势力，甚至包括他自己的部属，都无不钩心斗角，相互掣肘。种种怪事，令

人气愤，但他仍然力排万难，百折不挠地，迅速组建了一支装备虽差，兵员不全，而士气却极高、生气勃勃、斗志昂扬的护国军第一军，包括三个梯团的劲旅。

他以罗佩金为参谋长，李日垓为秘书长，石陶钧为总参议，何鹏翔为副官长，很快组成了一个坚强而精干的指挥核心；以刘云峰为第一梯团长，率领杨蓁、邓泰中两个支队长的部队为前锋，首先从西路进入四川；以戴戡、殷承瓛为右翼，率一营精兵，进入贵州，然后由松坎、綦江进入四川，与刘云峰部左右呼应；他自己则亲身率领赵又新、顾品珍两个梯团，及其所属的董鸿勋、何海清、禄国藩、朱德的四个支队，作为中路，经泸州，进取成都。

1916年1月，刘云峰率杨蓁、邓泰中两支队首先进入川境，进攻叙府。

当时驻守叙府的军队为四川将军陈宦从北京来川时，组建的北洋军三个混成旅之一的伍祥祯旅（其他两个混成旅的旅长为冯玉祥、李炳之，也都驻扎在叙府附近）。

伍祥祯本是云南人，也是蔡锷的老部下。他看到是老上司率领的家乡兵打过来了，怎敢抵抗？虚晃一枪，就自动撤出了叙府，跑到自流井那边去了。因此，护国军刚刚入川，就旗开得胜，马到成功，兵不血刃的占领了叙府城，取得了讨袁战争的第一个胜利。

1915年12月25日，云南宣布独立后，贵州巡按使龙建章在全国人民反对帝制的怒潮中，惊惶失措，迫于形势，也曾于12月29日，拍了一个通电给袁世凯，敦请袁世凯召开国民会议，将变更国体案重付表决。袁世凯此时已是恼羞成怒，情怀恶劣，读了他的电文，更是怒火万丈，立即下令撤销了龙建章的一等男爵及其他一切职务，并责令他立即离职北上，交高等文官惩戒委员会惩戒。龙建章不敢进京，保命要紧，乃于1916年1月16日，悄悄离职，化装潜逃。1月18日，贵州军民便召开大会，督促贵州将军刘显世宣布独立，出兵讨袁。

刘显世本来就是蔡锷的部属，与蔡锷常有书电联系。这时，蔡锷又派戴戡、殷承瓛带领一营滇军，来到贵阳城下。蔡锷派来的另一名特使，贵州部队主力团团长王文华的兄长，刘显世的外甥王伯群，也拿着蔡锷的亲笔手书，找到刘显世，要他立即宣布独立，派兵入川，投入讨袁战斗。于是刘显世、王文华等便于1月27日通电全国，宣布独立，并成立了贵州护国军，投入了讨袁护国的行列。

贵州的迅速独立，是蔡锷精心策划的又一胜利。它使云、贵两省连成一片，既免除了护国军的东顾之忧，又打开了护国军东进湖南、北进四川的通道，壮大了护国军的声势。

中华爱国人物故事
ZHONGHUA AIGUO RENWU GUSHI

蔡锷——护国将军题词

　　贵州刚刚宣布独立，戴戡、殷承瓛立即按照蔡锷的部署，率领贵州护国军的六个团由遵义进驻松坎，进入了四川。蔡锷又任命黔军将领王文华为护国军右翼东路司令，让他率领十三个营的黔军，进入湖南湘西，于2月16日连克黔阳、洪江诸城，随后又占领了湘西的麻阳，把护国军的势力扩展到了湖南。

　　1月下旬，护国军攻占叙府后，蔡锷又亲自率领第二三梯团，经贵州毕节，进入四川，欲取泸州。

　　这时，驻守泸州的是川军第二师刘存厚的部队。第二师下属两个旅，一旅旅长熊祥生驻泸州；二旅旅长雷飚驻纳溪。

　　雷飚原是蔡锷的同乡和学生，是蔡锷把他带到广西、云南，投身军伍的。蔡锷入京时，又把他带到了北京，长期留在身旁，不离左右，一直是蔡锷的心腹爱将。后来，经蔡锷推荐，让他跟随陈宦入川。成了陈宦的臂膀，开始任川军团长，不久又提升为旅长，成为帮助陈宦控制川军，掌握军队的一名干将。

蔡锷把雷飚推荐给陈宦，让他随陈宦入川，原本是用了心计的，是蔡锷谋深计远，有意安排到四川的一枚棋子。这时果真就有了用场了。雷飚一听说蔡锷已经回到昆明，当了护国军总司令，带兵来川，讨伐袁世凯，便积极策应，策反了刘存厚。蔡锷的军队刚到永宁。2月1日，刘存厚就在纳溪举旗起义，宣布独立，自称四川护国招讨军总司令，将蔡锷接入了纳溪，并与蔡锷率领的中路护国军一道进攻泸州。熊祥生旅见师长都倒戈了，他哪里还敢拒守，便仓皇撤退，弃城而走。2月6日，护国军便进入了川西南重镇的泸州城，取得了讨袁战争的又一个胜利。

在过度疲劳和内心苦恼的双重袭击下，蔡锷的喉疾越来越严重了。但1916年2月27日他仍然抱病坚持，在纳溪行营内起草并下达了第一份"第一军作战命令"。

作战命令下达后，他又亲自到前线去指挥战斗。

一次，他到部队前沿察看地形，被对面据点中的敌军发现了，用机关枪向他扫射。他和副官长何鹏翔急忙滚下山坡，潜伏于水田之中，直到敌军停止射击后，才被何鹏翔背回总司令部来。这时，他的身子已经差点冻僵，满面乌紫，浑身寒战。石陶钧、何鹏翔等连忙烧了几堆稻草火，为他驱寒；又叫军医来给他全身按摩，舒通血脉，忙碌了很久，才将他暖和过来。

还有一次，他同第六支队支队长朱德一道，同北洋军作战。他站在一个小山坡上督战。敌军的枪弹打过来，擦破了他的衣袖，烧起了一缕青烟。朱德拖他暂避一下，他却坚决不肯，始终站在原地，指挥战斗，终于指挥整个梯团取得了作战的胜利。数十年后，朱德还在一篇文章中谈到过这件事情，流露出对这位老上司的钦敬之情。

两天战斗结束后，蔡锷便给昆明的唐继尧、贵阳的刘显世、松坎的戴戡，发了一个电报，通报两天的战况。电报说："查我军前方之敌，为张敬尧之一师及曹(琨)师、周（骏）师、李(炳之)旅之一部"，"炮系德国及沪造管退，共约二十余门，手提机关枪甚伙，近新到野战重炮一门"，"我军总计十营……所占阵地又非我自由选择，纯为背水之阵……幸士气坚定，上下一心，虽伤亡颇众，昼夜不能安息，风餐露宿，毫不为沮。唯旷日相持，敌更番休息，我则夜以继日；敌兵源源增加，我则后顾难继，言念前途，岂胜焦灼？今昨两日，举全力猛攻，逆军阵地已成锐角形，其正面尚依然未动，良以地形艰险，守易攻难，现决心继续猛攻……"

他感到一阵心烦，便站了起来，走出了总司令部的大门。

午夜风寒，朔气袭人。山高月小，万籁俱静。望着小溪对面壁立的山影，他的心头蓦地浮起了一片诗情。

这时，石陶钧、何鹏翔二人也从总司令部的大门楼里出来了，轻轻地来到了他的身旁。

他回过头去，望着石、何二人，兴奋地说："你俩来得正好！这两天，在山中战地上奔走，不知怎么竟激起我的诗兴来了，此刻就忽然进出了两首诗句，我念给你们听听。"

石陶钧说："且慢，我知道你这个人，平素是不大爱作诗的，今日有此雅兴，真是难得得很，何不干脆回去把它写下来，雪泥鸿爪，留一个纪念也好。不然的话，如果过几天，把它忘了、丢了，那岂不可惜了。"说着，便把蔡锷拖进屋去，拨亮油灯，又让何鹏翔磨好墨，准备好宣纸，让蔡锷题写。

蔡锷腹稿已成，成竹在胸，也不推辞，便提起笔来，一挥而就，只见他写道：

军中杂诗

（一）

军道崎岖犹可行，人心奸险最难平；
挥刀杀贼男儿事，拼将热血扫逆云。

（二）

绝壁荒山二月寒，风尖如刃月如丸；
军中夜半披衣立，热血填胸睡不安。

是的，面对着数倍于己的强敌，他害怕了没有呢？没有！

身受着各方面的忌妒、暗算、排挤和掣肘，他畏缩了没有呢？没有！

他努力撑持着，搏斗着，"挥刀杀贼男儿事，拼将热血扫逆云"，正义在胸，长缨在手，他甘洒热血，了无畏惧。他的诗就是他的心证！

1916年3月，年节过完后，北洋军也开始了全面的反攻。

3月7日，冯玉祥部攻占叙府。

3月8日，川军熊祥生旅的团长刘湘率部攻占江安。

3月9日，护国军撤出纳溪，退守大州驿。同日，贵州护国军也退出了綦江。

征滇军第二路军司令马继增于1915年12月26日在湘西沅陵开枪自杀后，继任第六师师长周文炳这时也率兵攻入了麻阳。

广东将军龙济光之弟龙觐光，又攻占了广西的剥隘。

川军统领杨起元的部队，甚至偷渡金沙江，夜袭摩鱼蚱，攻占了芝麻口，袭入了云南的境内。

在这一段日子里，蔡锷和整个护国军的处境，是十分艰难的。

1916年3月12日，蔡锷在川南大州驿嘉乐店护国军总司令部召开了一次作战会议，研究部署反击北洋各军的计划。

据统计，当时蔡锷直接指挥的，聚集在纳溪大州驿一带的护国军总数，只剩下了3130人！

尽管如此，1916年3月14日，蔡锷仍然以极大的勇气与气魄坚决发起了对北洋军的又一次全面的反击和进攻。

14日，他饬令不主张再打硬仗的参谋长罗佩金，回永宁筹划后方事宜，并命令何支队即日进驻合面铺，严密搜索江安方面之敌。

15日，他命令朱德支队赶赴白节滩，接受赵梯团长的指挥，投入反攻战斗。

16日，他训令赵、顾两梯团长，责成他们"驱逐前方逆军，占领荣塘子一带高地"。

18日，他训令顾梯团进攻牛背石，占领大山坪、小山坪，攻占尧坝。训令何支队进驻和风场。

19日，他命令赵梯团"向朝阳滩、双合场方面猛烈进击。"

到3月24日，激战方始结束，护国军再一次以少胜多。以弱胜强转危为安，变被动为主动，赢得了巨大的胜利。

他悬着的心终于又落下来了。他的胜利的信心也更加增强了。

这天夜晚，他端着一杯热茶，走进与他住房相连的石陶钧的卧室，灯光未灭，见石陶钧却已伏在书桌上睡着了，便随手拿起石陶钧面前尚未写完的一份文稿来观看，原来是石陶钧为这次在州驿开会时记录的一张《泸州会议兵力统计表》作的跋文。他觉得很有趣，便继续看下去。

读着读着，他的眼睛湿润了。当他把这篇尚未写完的文稿，重新放回书桌上时，他的心中陡然升起了一股"平生得一知己足矣"的感觉，望着睡着了的石陶钧疲惫的脸色，一面在心里默默地叨念着："醉六啊醉六，我的朋友，今生今世，知我者，其为汝乎？其为汝乎？"

他轻轻地走出了石陶钧的卧室，先去叫来石陶钧的勤务兵，让勤务兵扶石先生上床去，好生服侍石先生入睡，不要让着了凉。直到亲眼看着那小勤务兵，把石陶钧扶上了床铺，脱了衣服，盖好了被褥，放下了帐子，他才帮他们熄了灯，带上房门，回到自己住房去睡觉。

正当蔡锷、石陶钧在川南嘉乐店护国军总司令部回忆往事，谈到他们在湖南时务学堂的老师梁启超时，1916年3月15日，梁启超自己也从上海，经海路来到广西，进入了南宁，直接投入了护国讨袁的战斗。

梁启超在天津与蔡锷密商握别后，1915年12月，就离开天津，南下到了上海，一面集资筹款，备西南起义之用；一面暗中与岑春煊、陆荣廷等联系，着手策动广西独立，以便配合蔡锷在云、贵、川方面的行动，共同讨袁，完成反对帝制、维护民国的大业。

早在蔡锷回滇，发动讨袁护国之役以前，广西的局势就已经动荡不安了。

广西将军陆荣廷与广东将军龙济光，本是儿女亲家，又都是清代的旧将。他们两人都是前清的提督；龙济光是广东提督；陆荣廷是广西提督。光复后，他俩又都同时当上了民军都督：龙济光是广东都督；陆荣廷是广西都督。他俩的官职地位，一直都是门当户对，旗鼓相当的。

到了袁世凯执政，当了大总统后，情况却有了变化。龙济光迅速投靠了袁世凯，成了袁世凯的忠实爪牙；陆荣廷却有点儿倾向于新党，与梁启超的进步党有着密切的联系，对梁启超、蔡锷等人尤为敬仰。因此，袁世凯在称帝之前，论功行赏，封侯拜爵之时，便有了区别。袁世凯开始封龙济光为振武上将军，封陆荣廷为宁武将军，龙济光多了一个"上"字，已经引起了陆荣廷的不满。后来，袁吐凯又封龙济光为一等公爵，加郡王衔，而陆荣廷却只得到了一个侯爵。一个贵为王公，一个只是侯爵，地位更形悬殊，陆荣廷也就更加愤懑不平了。

因此，当各省将军联名通电劝进，请袁世凯"早正大位"时，陆荣廷便拒不签名，给了袁世凯一个"回敬"。

袁世凯自然也"明察秋毫"，决不放松。

袁世凯执政后，给各个省都派去了一名巡按使，负有暗中监视各省将军的秘密任务。袁世凯任命王祖同为广西巡按使时，事先并未征询陆荣廷的意见，早已引起了陆荣廷的疑虑。不久，袁世凯又进一步下文，委派王祖同"会办广西军务"，明显想分夺陆荣廷的兵权。这样一来，也就更加令陆荣廷恐惧和不满了。

　　蔡锷很清楚这些情况。在云南起义时，蔡锷便派人到广西，秘密同陆荣廷联系，约他一同宣布独立，出兵讨袁。当时，陆荣廷没有立即回应。他主要有两个顾虑：一来是他的儿子陆裕勋还在北京，舐犊情深，恐怕一旦起事，自己的儿子会遭到袁世凯的毒手；二来他知道自己是一个武人，草莽出身，不通文墨，难成大事，缺少一位好"军师"。因此，他一面向袁世凯称病请假，电召陆裕勋回家"侍疾"；一面派人到上海，秘密与梁启超联系，邀请梁启超来桂主持讨袁大计，做他的参议。

　　他没有料到，袁世凯竟有那样的狠毒。他的儿子陆裕勋，刚刚离开北京，就被袁世凯的特工人员盯上了，跟踪狙杀，在湖北汉口陆裕勋所住的旅馆中，用毒药将陆裕勋毒死了。

　　儿子的死，更增加了陆荣廷对袁氏的仇恨，但梁启超尚未来到，辅弼无人，他也只好仍旧"卧病"武鸣老家，称疾不出，以静观时变。

1916年1月，袁世凯任命龙济光之弟龙觐光为临武将军兼云南查办使，率兵经过广西的百色，进攻云南的剥隘，以抄袭护国军的后路；同时电令陆荣廷出兵，协助龙觐光进攻云南。陆荣廷不敢违抗袁的旨意，只好让他的另一个儿子陆裕光，率领一支军队，加入龙觐光的队伍，佯装入滇作战，暗中则嘱咐裕光，要他随机应变，伺机起事，解决龙觐光的武装。

3月7日，袁世凯又下令任命陆荣廷为贵州宣抚使，到贵州去宣抚，并让广西军第一师师长陈炳焜"护理广西军务"，从而在广西境内，连续安下了王祖同、陈炳焜、龙觐光三枚棋子，车、马、炮联合进逼，大有非挤倒陆荣廷不可之势。

3月10日，按照袁世凯的密示，袁的爪牙们强迫陆荣廷在广西南宁召开了一次军事会议。陈炳焜在王祖同的怂恿和支持下，当场责骂陆荣廷"事新君(袁世凯)则不忠，背旧主(岑春煊)则不义，忘杀子之仇则不慈(他诬称陆荣廷之子陆裕勋是孙、黄派革命党人暗杀的)。"

陆荣廷一看形势不妙，这次会议大有鸿门宴的气味，便不等会议结束，就带领他的部队，冲出南宁，奔往柳州去了。

同一天，他的儿子陆裕光也在百色起事，扣押了龙觐光、龙运乾父子，缴获了龙家军的全部枪械。龙觐光派往个旧、蒙自、临安的队伍，也被云南滇军南防师师长刘祖武的军队全部扑灭。

1916年3月15日，陆荣廷知道，梁启超已经从上海到达海防，即将来到柳州。他有了主心骨便正式通电全国，宣布广西独立，自称广西都督兼护国军两广总司令，并任命梁启超为两广护国军总参谋长。

广西独立，是蔡锷发动和领导的护国军讨袁斗争所获得的又一个巨大的胜利。它极大地鼓舞了正在四川苦战的护国军的士气，极大地动摇了四川北洋军和全国各省北洋军的军心，同时也极大地动摇了袁世凯的皇帝宝座。

一周之后，3月22日，袁世凯就被迫取消了复辟帝制的决议案，恢复了中华民国的年号。

《云南护国简史》

战事维艰

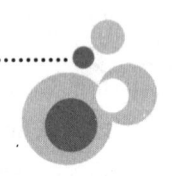

1916年3月上旬，正是蔡锷在川南处境最困难的时候。

这时，在北洋军增援部队的强大攻势下，叙府、泸州相继失守。

护国军苦战经旬，日夜未能休息，各队战士，疲惫难支，又陷入了弹尽粮绝的困境。

3月4日，蔡锷在纳溪不得不咬牙下达了全面退兵的命令，让各梯团支队转移阵地，集结到上马场一线，进行休整，补充给养，准备再战；同时准备放弃纳溪，将总司令部转移到大州驿去，继续指挥战斗。

也正是在3月4日这一天，时刻注视着川南的战局，关心着蔡锷处境的梁启超，也冒着极大的风险，踏上了去广西的征途，准备亲自出马，掌握两广局势，以为危难中的蔡锷之后盾。

他化装成一名日本工人家属，于3月4日夜晚，在青木中将安排的专人护送下，于上海吴淞口，登上了日本的大海轮横滨丸，驶往香港。

在由沪至港的三天海上航程中，梁启超日夜都躲在海轮底层的锅炉舱内，不敢露面，心情是很郁闷的。闲着无聊时，他便把蔡锷前不久(2月5日）从川南前线纳溪总司令部给他写来的那封信，拿出来观看。

信，显然是在军情紧急、军务倥偬中写的，信笔而书，言词无暇讲究，然而川滇大局，却跃然纸上，师生之情，亦溢楮可掬。读着读着，他眼前便浮现出一个文弱清俊的年轻人的形象。

回想起当年在湖南时务学堂与蔡锷初见时的情景，他感慨万千。时光过得真快，转眼间，二十年就匆匆过去了。二十年来，他是亲眼看着这年轻人成长起来的。戊戌政变，自立军、华兴会起义被镇压，一次又一次的浴血拼搏，一幕又一幕的刀光剑影，谭嗣同、唐才常、林圭、秦鼎彝、李炳寰……当年时务学堂的师生，几乎都牺牲殆尽了。一个十几、廿岁的少年，从这血光中走过来，从这死人堆中走过来，却始终保持着清醒的头脑，沉静的态度，救国的壮志，这该是多么的不容易啊！辛亥年，在他的领导下云南是武昌首义后最早光复的省份之一，一个二十多岁的青年，独处异乡，在那风云巨变的时刻，能够脱颖而出，一举抵定西南，并且把云南那个边疆大省治理得有条不紊，除旧布新，工商繁荣，士民安堵，又是多么的不容易！随后，袁世凯妒才忌能，将他调到北京，意欲如宋教仁、吴禄贞故事，置诸死地，而他以一个不到三十岁的青年，竟有那么大的涵养，那么深的城府，身居虎口，安若泰山；面对奸雄，应对裕如；狼鬼环伺，毫发无损；出入刀丛，谈笑风生；这又是多么的不容易！最后，在关键时刻，他又能智胜顽敌，从容脱险，冲破重重网罗，历尽万里风波，远涉异国，回到云南，登高一呼，全军响应，数日之间，便组成了护国大军，树起了讨袁大旗，挥师入川了。三十余岁的人，竟能只手掀起如此惊天事业，改变国家历史、民族的命运，这更是何等的不容易啊！

蔡锷

人生乐育英才，有这样一个得意的学生与知己，他是不能不感到自豪与欣慰的。

现在，他知道蔡锷已处于十分困难的境地之中。由于唐继尧等人的犹豫、观望拖延与掣肘，出兵迟了一步，使袁世凯有了准备，许多北洋劲旅已经进入四川，增加了蔡锷进军的阻力。蔡锷以三千缺弹少食之兵，敌北洋军数万械精粮足之众，其困难是完全可以想见的。

梁启超想到自己身为师表，在危难时却无力给蔡锷以有力的帮助，内心深感愧疚，只想早日赶到柳州去，与陆荣廷早日举义，组兵入川，以减轻蔡锷的压力，共图护国的胜利。

他正在默默沉思，忽然，从外面传来了一阵杂乱的脚步声，倾耳一听，才知道是快到香港了，水手们准备抛锚靠岸了。

为了不在香港上岸，惹起麻烦，一个日本护行人员，走进锅炉房来，很有礼貌地恭请梁启超乘轮船减速、准备靠岸之际，坐一只轮上的小舢板，悄悄转移到即将启碇开赴海防的另一艘日轮妙义山丸上去。

这时，天色已晚，暮霭沉沉，港口忙乱，正是行动的好机会。

梁启超便急忙整理好简单的行囊，又把蔡锷的信藏回到内衣夹缝中去，便跟着那人上了舢板，借暮色为掩护，迅速划过黝黯的海面，登上了妙义山丸。

梁启超登上妙义山丸后不久，一声汽笛长鸣，那海轮便缓缓开动，离开了香港海域，向海防方向驶去。

袁世凯的警探们在香港码头上等候了一天一晚，结果又像上次对抓捕蔡锷一样，再一次扑了一个空，不得不快

快而散。

3月15日，梁启超乘坐的日轮妙义山丸，在抵达越南海防之前，先在洪崖小港海面停靠了一下，由日本政府指令驻华使官青木中将安排的接应人、日本商人和牧场主横山，早已准备好一只小艇，在洪崖海面等候。妙义山丸一到，就把梁启超接上小艇，送往横山在洪崖海边开设的一处牧场中去。

于是梁启超又一次躲过了法属安南海关的检查和袁氏特工派到海防的鹰犬们的耳目，悄悄地进入了安南。

横山的牧场，濒临北部湾大海，水木明瑟，屋宇整洁，倒是一处风景极好、极清幽的所在。

主人全家都久仰梁启超的大名，这次又是受到政府的委托，出面来接待梁启超的，因此态度都特别热情恭谨，招待也十分的周到。

梁启超被安排在海边悬崖上的一栋客房之中，推开窗户，就可以俯瞰北部湾蔚蓝色的无边无际的大海。

在这里，他看到了横山订阅的各种中文、日文报纸，更加了解了当前中国的局势和中日间交涉的情况。

去年11月，英、法、俄四国公使再次照会袁政府外交部，质问变更国体事是否可以延期？

11月10日，袁氏爪牙上海镇守使郑汝成被革命党人刺杀身亡。

12月5日，中华革命党人陈其美等在上海策动肇和军舰起义失败。

12月15日，日、英、俄、法、意五国公使同到北京外交部，再次劝告袁政府暂缓变更国体。日本公使日置益，代表五国公使声称："日本与四国对中国现局将决然采取监视的态度。"

12月18日，因法国使馆职员方景生以重金收买袁世凯内侍勾克明，偷开袁氏文件柜，窃出中日密约草案，拍成照片，在纽约各报刊刊出，引起舆论大哗。袁氏下令派步兵统领江朝宗逮捕了勾克明及内史沈祖宪等十余人，京城更为轰动。同时，在新华宫内又查出一宗骇人听闻的"谋逆案"，主犯就是袁世凯本家亲信、大典筹备处会计科主任袁乃宽的儿子袁英！

中日外交秘密泄露后，日本政府受到西方各国政府的指责，十分恼怒，便向袁氏政府进行报复。

今年（1916年）1月24日，袁世凯为讨好日本，拟派周自齐为特使赴日本，向日皇授勋，却遭到日本政府的拒绝。

日本外相拍给袁氏外交部部长陆宗舆的电报称："日本政府闻知中国即将实行帝政，中国政府以行将作废的民国勋位，赠给天皇陛下，实为大不敬，……因此日本政府难于接待。"随后，又来一电，称："云南已经独立，证明贵国政府所称'力能控制大局'纯属空谈"，"此次实行帝制，日本政府不以承认！"

日本各报，还热烈报道了日俄两国亲善交往的情形：

今年1月12日，俄皇尼古拉派米海也鲁维奇大公为赴日赠勋特使，抵达东京。日本新加冕的大正天皇竟亲自到东京车站去迎接。日内阁大隈首相也率领全体阁员到车站恭候。俄国大公在车站检阅仪仗队后，立即赴霞关离宫歇息。从东京车站到霞关离宫，一路之上，有数十万日本民众夹道欢迎。随后，日本天皇又在皇宫丰明殿接见了米海也鲁维奇大公，与之共进午餐，并赠以日本最高勋章菊花大绶勋章。

对俄国特使之接待，隆重如彼；对中国特使的态度，傲慢如此！国家贫弱，政治颠倒，便要受人欺侮，这就是最鲜明的例证；而日本政府表里不一，投机善变，如此势利，亦令人齿冷。

然而，此时此境，梁启超又不知道横山这人的真实面目，人在江湖，身不由己，命运仍掌握在人家手里，眼前还有许多事情，需要靠这人帮助解决，因此，纵有许多愤慨，也都丝毫不敢流露出来。

　　横山这人也还知趣，除督促家人谦恭地照料梁启超的饮食起居外，唯陪坐侍茶而已，沉静寡言，不谈政事。因此，梁启超与他相处，也还相得，觉得政府是政府，人民是人民，中日两国普通人士，有数千年传统友谊，是不必将普遍人民与政府混为一谈的。

　　梁启超在横山牧场只度过了短暂的一个夜晚，第二天清早，就由横山护送，乘车到达中越边境，然后独自步行通过镇南关，进入广西境内。这时陆荣廷早已以梁启超和他本人的名义，通电全国，宣布广西独立两天了。陆荣廷派到镇南关来迎接梁启超的军队也已经在关口等候多时了。梁启超在陆荣廷部队的迎护下，当天就到达了柳州，出任两广护国军总参谋和政治委员会主任，积极投入了讨袁的战斗。

梁启超塑像

袁氏覆灭

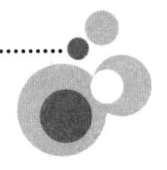

1916年3月19日,蔡锷正同石陶钧等人,在大州驿嘉乐店护国军总司令部内,研究作战计划,忽然接到李日垓从毕节打来的电话,报告说:广西陆荣廷已在柳州起义,宣布独立,将出兵讨伐袁世凯;又说,梁任公也到了柳州。

蔡锷、石陶钧听了这个消息。都高兴极了。

石陶钧说:"老夫子也出动了。这次讨袁大事必成矣!卓如师一向是很沉稳的,这次反对帝制,竟大不相同了。那篇《异哉所谓国体问题者》的文章写得何等的好!真如一声狮吼天下震动!这次又投笔从戎,亲入行伍,率兵讨袁,真所谓坐而能文,起而能行的大丈夫、大英雄也!"

蔡锷也说:"是啊,孔子为万世师表,经历乱世,口诛笔伐,独未及用兵之事。我们故乡的曾文正公文章功业，虽都极为显赫，创建湘军，转战多年，也堪称全才，然而助清为虐，至今亦已有微言。如任师今日，言人所不敢言，争人所不敢争，文章思想与时维新，如时代之号角；挺身危难，大义凛然，以书生讨国贼，实当代之伟人也。先生尚且如此，我们为学生者，能不勉力以赴吗？"

停了一会儿，蔡锷又告诉石陶钧说："任师到了广西；听说东京孙中山先生那边也加强了讨袁行动。这几天，许多中华革命党人也在纷纷起义，如朱执信在广东香山宣布独立；高雷、石青阳在西阳秀山起义；卢师谛在川西起义。还有消息说：孙先生已派梁宗汉为湖北革命军司令长官；卢师谛为四川司令长官；林德轩为湖南司令长官，分赴各地，准备大举起事。对此，我们是应该欢迎的。我向来认为现代民主社会，不可避免地将实行

政党政治，为政者当然应该坚持己党政见，但是却不可有丝毫狭隘的宗派思想，不可盲目排斥打压反对党的意见，一切都仍应以国家民族利益为重，而不能以一党一派之私利为先。比如这次讨袁护国，我就衷心希望各党各派，一切革命志士、爱国同胞、海外侨胞都来参加，包括北洋系官兵，也欢迎他们起来参加。只有这样才能取得讨袁护国的彻底胜利。不然的话，老是为自己一地一派之私利而纷争，中国的事情又怎么能办好呢？"

石陶钧听了，微微一笑，一边翻阅刚刚收到的报纸、函电，一边摇摇头说："中国的官员、军人，如果都能像你蔡松坡这样想、这样做就好啰。可惜的是，并不如此啊！这几年，我们听到的奇闻怪事，难道还少吗？"

蔡锷却满怀信心地说："不！我觉得，不管上层人士、军阀政客如何诡诈，但是，从整体来看，民众还是可以信赖的，正义还是会战胜邪恶的。现在，广西既已独立，两广形势一定会出现巨变。我们这边，也应乘机进攻，尽快解决四川问题才好。四川解决了，两广解决了，就不愁袁逆不倒台了。"

于是，他坐到案边，提起笔来，略一思忖，就起草了一份《护国第一军训令》，命令顾梯团"以主力军于本日进攻牛背石附近，占领大小山坪一带阵地之敌军，以一部攻击尧坝"；命令何支队"进住凤场"；命令赵梯团

"进占金盘山"，"向朝阳观、双合场方面猛烈进击"，对泸州一线北洋军展开了又一次全面猛烈的进攻。

出击之前，蔡锷又让石陶钧、何鹏翔分赴各梯团，将广西独立，梁启超到达广西，出任护国军总参谋的消息，传播到各梯团各支队，因而群情振奋，士气大增，所到之处，势如破竹。

3月18日这天，护国军占领了江安；20日，又占领了綦江、南川；26日，又占领了彭水。

护国军右翼东路军在湘西，也是节节获胜，所向披靡，20日占领了永顺；25日又重新占领了麻阳。四川主战场的胜利，给了袁世凯最沉重的一击。

在这种情况下，袁世凯众叛亲离，内外交困，调兵不动，遣将无人，又加上全国舆论一致谴责，众议沸腾，才被迫于3月22日，宣布取消帝制，废除"洪宪年号"，恢复民国称号。

至此，由蔡锷首先发动的护国讨袁斗争，便终于获得了预期的第一步的胜利。

1916年3月，袁世凯连续接到蔡锷攻占泸州，李烈钧攻入湖南，陆荣廷攻入广东的消息，心急如焚。正想依靠他的股肱二将冯国璋、段祺瑞等共商应对之策，再次出兵讨伐护国军，不料却收到了由冯国璋领衔，由江苏将军冯国璋、徐州将军张勋、山东将军靳云鹏、江西

将军李纯、浙江将军朱瑞等五位将军联名发来的一封密电,要求他"速行取消帝制,以安人心。"

袁世凯读完这封密电,犹如五雷轰顶一般,顿时昏倒在地,失去了主意,经与徐世昌、段祺瑞等协商,只得于3月22日,颁发了取消帝制的命令,并恢复黎元洪的副总统职位,任命徐世昌为国务卿,段祺瑞为参谋总长,由他们三人联名致电蔡锷、唐继尧、陆荣廷等人,提出六项条件,要求停战议和。这六项条件是:

1. 滇、黔、桂三省取消独立。
2. 责令三省维持各省治安。
3. 三省所添募之新兵,一律解散。
4. 三省战地所有军队,退回原驻地点。
5. 即日开始,三省兵不准与官兵交战。
6. 三省各派代表一人来京筹商善后。

四川将军陈宦知道蔡锷喉疾转重,特地派了两名德国医生汤根、鲁特为代表,到大州驿护国军第一军总司令部去为蔡锷诊病;同时,与蔡锷协商停战之事。

这时,蔡锷又读到了由康有为、梁启超转来的上述议和六条件,内心十分不满,便亲拟电稿,回复黎元洪、徐世昌、段祺瑞。

明白要求袁世凯"洁身引退"。在当日护国军中,蔡锷此电的态度应该说是最明朗最坚决的。

古兵法云：攻心为上，不战而屈人之兵为上。蔡锷在整军备战的情况下，以手书说服陈宦，终于促使陈宦从拥袁护袁转到了反袁倒袁一方。

陈宦接到蔡锷手书后不久，即宣告四川独立，并致电国务院，要求袁世凯退位，声称："宦既念时局之艰难，又悚于人民之呼吁，因于江日经电项城，恳其退位，为第一次之忠告。""复于文日为第二次之忠告……请即日宣告退位，示天下以大信"，"宦为川民请命，项城虚与委蛇，是项城先自绝于川，宦不能不代表川人，与项城告绝。自今日始，四川省与袁氏个人，断绝关系。袁氏在任一日，其以政府名义处分川事者，川省皆视为无效。"

陈宦为袁世凯义子。陈宦之妻为袁妻于夫人之义女。陈宦与袁氏长子袁克定又是结拜的金兰兄弟，关系是极为亲密深厚的。如今，连这样的人，也站出来，公开敦促袁世凯退位，并声称要断绝一切关系，这就不能不让袁世凯心碎胆裂，承认失败了。

陈宦的上述电文是5月22日拍发的。收到陈宦的断交电后，第二天，5月23日袁世凯就病倒了。到6月6日，这一代枭雄，便在众叛亲离、四面楚歌、一败涂地的情况下，在全国人民的唾骂声中，凄然长逝。

日本养疗

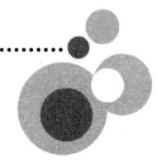

1916年秋天，当蔡锷再次到达日本，住进日本福冈市医科大学附属医院治疗时，日本的政局，也正同中国的政局一样，正在经历着巨大的动荡。

这年7月28日，因收买政友会议员，增设两师团案曝光，在元老、贵族院和在野党的猛烈攻击下，大隈内阁的内务大臣大浦兼武被迫辞职；稍后，外相加藤、海相八代六郎和藏相槻礼次郎等也都被迫下野；到3月10日，整个大隈内阁也就不得不全体辞职，"寿终正寝"了。经天皇指定，由朝鲜总督寺内正义元帅继任首相，出面组阁。昙花一现的政党内阁，重新为军阀政权所代替，从而开始走向了军国主义的道路。

同时，这年7月3日，日本政府又同沙俄政府签订了第四次日俄秘密协议，以维护日俄两国在华权益为目的，公然声称，将为防止中国"在政治上受到对日俄两个怀有敌意的第三国操纵而采取的共同行动。"形成了日俄两国联合图谋中国的局面。

而日俄两国社会主义的兴起也是令人瞩目的。

1901年，俄国成立社会民主工党，《火星报》开始系统地宣传马克思主义。

1903年，俄国社会民主工党内以列宁为首的布尔什维克派获得多数。

1905年，俄国彼得堡工人游行请愿，在冬宫前与沙皇军警发生冲突，死伤千余人，造成"流血星期日"事件。莫斯科工人也举行了武装起义。沙皇尼古拉宣布允许言论、出版、集会、结社等自由，扩大选民范围。

1912年，俄国西伯利亚连拿金矿工人举行罢工，军队开枪射击，死500余人。俄全国各大城市工人，纷纷罢工声援。《真理报》创刊。

同一时期社会主义革命之风也吹入了日本。

1908年，日本社会党人在东京与警察发生冲突，造成"赤旗事件"。

1910年，日本社会党人幸德秋水等24人以"大逆罪"被判处死刑。

1912年，无政府主义者创办的《近代思想》杂志创刊。1914年又改名为《平民新闻》。

1915年，日本社会主义者堺利彦从等创办《新社会》

杂志。

这一年，日本社会主义理论家山川均与荒畑胜三创办了《青服》杂志，宣传工人有团结和罢工的权利。

1916年，也就是蔡锷到达日本就医这一年，正是日本社会主义思潮最高涨的一年。

从这一年的一月起，日本《大阪朝日新闻》还开始连载河上肇的揭示劳动群众贫困与痛苦的《贫乏物语》。

蔡锷刚住进福冈医院不久，就感受到了这种山雨欲来风满楼的气氛。

那天，蒋百里为了给他解闷，特地买了一些新出版的报纸杂志，给他观看。

他随于拿起一本由帝国公道会主办的七月号《公道》杂志，翻了一翻，就读到了下面这样一段妙文：

……听！工人对资本家的诅咒声。看！佃农对地主的不满面孔。

他们以低微的工资，微小的收入，像机器一样地工作，只是增加资本家与地主的收入。他们每天在现实教育和周围环境刺激之下，逐渐有了觉悟，能永远忍受资本家地主牛马般的使役吗？

他们必然会在将来，学习欧美的榜样，站

在坚强的基础上。以温暖的肉体，和冷酷的黄金的势力，展开霸战。……如果我们将来只许强者、优胜者横行，而不改变这种态度，正如明治维新时少数当权者在政治上的没落一样，不久经济界也将实行维新革命，现在这些资本家与，地主，必将陷于牺牲的命运。

在中国，读惯了《甲寅》杂志和《饮冰室文集》那类文体的蔡锷，何曾见到过这样的文字？十年前，他在日本战城学校士官学校学习时，也没有读到过这样的文字。他的心灵，被这简单明白、直截了当的逻辑力量所震撼了。他好像感觉到了脚下这片古老的东方大地，在巨变中发出的震颤。

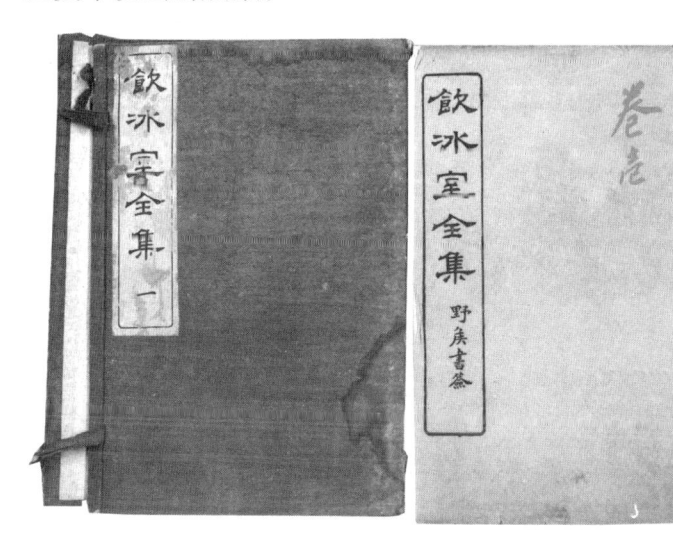

《饮冰室全集》

他觉得，正像日本的明治维新，曾经引发中国的戊戌维新一样，这股来自俄国的日本的社会主义的高潮，也必将给中国带去巨大的震撼。

他的病弱的心脏，也为之深深地战栗了。

蔡锷在日本福冈医院治疗，开始病情还有些好转。

这年9月，北京国务院颁布了授勋令。

受勋人名单如下：

大勋位：孙文。

勋一位：黄兴、蔡锷、唐继尧、陆荣廷、梁启超、岑春煊。

勋二位：荫昌、曹锟、刘显世、王占元、吕公望、胡文蔚、马俊升、张敬尧、胡汉民。

勋三位：罗佩金、戴戡、朱庆澜、张怀芝、朱家宝、任可澄、陈炳焜、陈树藩、李根源、李长泰、周文炳、钮永建、陈炯明等。

勋四位：李厚基、孟恩远、毕桂芳、张广建、王廷桢、刘存厚、熊克武等。

另外，段祺瑞、王士珍、冯国璋三人获得一等大绶宝光嘉禾章；蔡锷、李根源、罗佩金、萨镇冰、徐树铮、汤化龙、庄蕴宽等均获二等大绶嘉禾章。

当授勋消息和中国授勋官员带着授勋令和绶带勋章，到日本福冈医院来向蔡锷授勋时，日本政府军部及福冈军政民团各界，还为他举行了盛大的庆祝会，向他表示了祝贺和敬意。

可是，没过几天，他的心情与病情，就又因为国内发生了"兴亚借款"事件的刺激，而迅速恶化了。

1916年，段祺瑞组阁不久，就让他的财政总长陈锦涛与日本政府签订了一个"兴亚借款条约"，从日本政府借得了500万元的借款。

这件事，却引起了英、美、俄、法四国的反对。四个国家的驻华公使，都向中国政府提出了抗议，并在报刊上发表了公开的抗议声明。

国会部分议员，也对陈锦涛提出了弹劾案，吓得陈锦涛不敢再在北京露面，只好跑到天津去躲避。

段祺瑞无奈，连忙派他的得力助手徐树铮去向四国公使解释，说这个兴亚借款总计为八千万元，是以湖南的水口山铅矿和安徽太平山铁矿作抵押的。他还要徐树铮告诉各国公使说，中国的矿产资源丰富得很，随处都可以作可靠的抵押品，日本可以借款，英、美、法、俄也可以借款，机会均等，一概欢迎。他原想用这个办法来安抚各国政府。不料，他这样一抖底，却又激怒了湖南、安徽两省的民众和议员。

湖南、安徽两省民众都举行了抗议示威活动，纷纷通电反对。全国报刊发出了一片责难之声。

湘籍国会议员，态度尤为激烈，甚至全体退席，以示反对。

这些消息，传到了在日本治病的蔡锷耳中，他怎能不气愤？

他想起这次重来日本，听到看到的各种情景，对比国内腐败、混乱、落后的情况，内心更加郁闷。

他这次到日本，正碰上第一次世界大战给日本经济带来的空前繁荣与飞跃发展的时期。由于第一次世界大战的主战场在欧洲大陆，英、法、德、俄、意、奥等国都饱受战争蹂躏，民穷财尽。这本来给欧洲以外的国家，都提供了一个极好的发展机会。美国就在这个时期，迅速地繁荣发展起来，成了全世界的首富之国。日本也抓住这一机遇，尽力发展了自己。这次来日本以后，他看了一些资料，才知道，仅从1914年欧战开始，到1916年这两年之内，日本的出口额就整整增加了一倍！出超额增加了11倍！钢铁生产增加了两倍！米、麦、丝、棉、水泥等12种主要商品增加了67%左右！那天，他在东京停留转车，就亲眼看到东京市区新建的商业大楼、公司、厂房、银行等；一座连一座，真如雨后春笋一般，与10年前相比，变化之大，令人瞠目。

然而，回观自己国内，却还在军阀混乱，争权夺利，辱国丧权，丑态百出，稍有人心者犹不忍目睹，更何况是像他这样一位，早已以身许国，以天下为己任，热爱祖国，一贯关心祖国人民命运的爱国军人！

他的忧患与愤懑，是无法抑制的。

一读到章士钊、张孝准、石陶钧等从国内寄来的信件，谈及"兴亚借款"事件，他就又病倒了。

他血管中奔流着的炎黄子孙的志士的热血，就像那寒暑表中的水银，不能不随着祖国的盛衰，人民的安危，而急剧地升落着。

到9月末时，他的病情就再度恶化了。

蔡锷遗集

举国哀痛

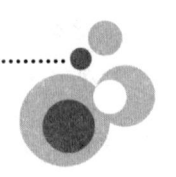

蔡锷那天一回到福冈医院，就听到了黄兴去世的噩耗。

这噩耗，就像落在他头顶上的一声霹雳，一下就把他击倒了。他差不多昏迷了一整天。蒋百里、小乐，还有医院的医生、护士，都围绕在他的病床边，守护着他。

他面色苍白，一动不动地躺着，只是偶然地才从呻吟中发出一声叹息，喃喃地说："我中国又弱了一个了！"

到第二天早晨，他才逐渐苏醒过来。

早餐时，他喝了一小杯鲜牛奶和几口柠檬汁，餐后又服了药，打了针，精神才似乎好了一些。

昨天，云南省议会议长赵伸，从中国专程赶到日本来探问他的病情，已经到达了东京。他让蒋百里到东京去接赵伸，同时买点宣纸回来，准备为黄兴写一副挽联。蒋百里走后，他便一个人躺在病室的摇椅上休息。

福冈医院安排给他的病房，安静极了。

窗外阳台上摆着一盆盆中国式的盆景和日本的名花。阳台外面的松林，枝繁叶茂，郁郁葱葱，虽然已是深秋了，却没有一丝凋黄的样子。

几只头上长着凤冠的名种家鸽，站立在阳台栏杆上，梳理着他们的羽毛，咕咕地叫着。温暖的阳光，照在他们的羽毛上，不时闪射出一片彩虹般的光华。

天空中，碧蓝万里，寥廓无垠；几朵白云，停在那里，纹丝不动，好像凝固了似的。

他躺在摇椅上，望着窗外的世界，分明是那样的明丽，充满勃勃的生机，可是，他的内心却又怎么也明亮不起来，反而感到格外的寂寞、孤独和凄清。

蔡锷家书

黄兴去世了，他感到一切都索然了。

如果像黄兴那样豪情如炽，盛友如云，身经百战，声名赫赫人物，尚且挽回不了国家的颓唐，那么，病弱而又孤独无援的他，还有什么希望呢？

他回想起自己前年在北京时，只身与袁世凯周旋，身居虎口孤立无援，身家性命时时都处在危险之中。那时候，除了梁启超，就只有这位黄兴，向他伸出了友谊之手，派张孝准到京津，秘密与他联系，接应他到日本；又派石陶钧、黄一欧到日本，帮助他转船转车，前往香港，为他的回滇起义，作了周密的部署和有力的帮助。

袁世凯去世后，黄兴回到祖国，知道蔡锷的处境，又极力推举他回湘去任都督，让他回到故乡去建设家乡。患难相帮，艰危相助，相知之谊，倚重之情，怎能不令人感动？

现在，这一切都失去了。相识满天下，知心有几人。今后，哪里还能找到像这样的知己与益友？

昨天，在大森，他还回忆起黄兴，为黄兴的健在而胸怀一线希望，现在，连这最后的一线希望之灯也熄灭了！

午后，赵伸在蒋百里陪同下，来到医院，代表云南军、政、民、学各界，探问蔡锷的病情，向蔡锷表示慰问。闲谈中，谈及云南、四川、广西等省情况，更令蔡锷感到忧愤。

唐继尧原是同盟会员，也算是革命党人，可是如今当了都督，也开始骄纵起来，甚至纵任他的胞弟，贩卖烟土，牟取暴利，俨然成了新的军阀，广西陆荣廷情况更糟，至于四川，也很混乱，刘存厚、罗佩金都是护国军将领，也发生了内讧、公然在督军署门前交火，争权夺势，打伤了不少士兵和民众，北方军阀难以消除，南方又出现了新的军阀割据之势。国家局势实在令人担忧。

这使蔡锷更加怀念起黄兴来了。

黄兴身为辛亥革命后，中华民国第一任总司令和陆军总长。当时凭借革命高潮之势，他的权力是很大的。然而，他没有为自己拉一支军队，没有为自己夺一块地盘，没有丝

蒋百里

毫想利用手中的军权，为个人谋求权势和地位的阴谋与野心。清王朝一旦退位，民国一朝成立，他就立即遣散了大量的军队，以减轻人民的负担。他宁愿去做一个平民，去办实业，却不愿做一个靠武力压迫他人，谋求个人私利的新军阀。

也许有人指责他，这样的人是傻子；然而，在我们中国像这样的傻子岂不是太少太少了吗？

也许有人指责他，过早地解散军队，误了民国，然而，如果他同孙中山有如华盛顿，而继他和孙中山出任总统的，不是袁世凯，而是杰菲逊，不是贪恋权势的军阀，而是真心维护民权的革命家，那么，中国的民主政治岂不早就已经确立，并走上正轨了吗？因此，误民国者绝不是不拥兵自重的孙、黄，而是袁世凯和那些大大小小的军阀们！

想到这里，他勃然奋起，让小乐给他准备好纸笔。他决定马上为黄兴写一副挽联与祭文。纸、笔、墨、砚都准备好了，他就坐到桌边，提起笔来一挥而就，先写了一篇祭文。

祭文风格显然受到当时章太炎文体的影响，佶屈聱牙，艰僻难解，但毕竟是一气呵成言简而意永的。随后，他又奋笔疾书，撰写了一副挽联：

以勇健开国，而宁静持身，贯彻实行，是能创作一生者；

　　曾送我海上，忽哭公天涯，惊起挥泪，难为卧病九州人。

　　赵伸和蒋百里读了他的祭文和挽联，都击节叫好。蔡锷又叫小乐把祭文挽联叠好，拿信封封好，交给赵伸，请他带回国去，路过上海时，转交黄兴亲属表示哀悼之意。

　　蒋百里、赵伸见蔡锷写完祭文和挽联后，脸色发赤，额间浸汗，知他用脑太过，恐伤病体，连忙催促他上床休息。他们也都匆匆地告辞而去。

　　当石陶钧听到蔡锷病危的消息，跨海赶到日本，来到蔡锷病榻边时，蔡锷已经处于昏迷状态之中了。

　　石陶钧一走进病室，就快步扑到蔡锷榻前，握住蔡锷冰凉僵硬的手，望着蔡锷双目紧闭、面如白纸的形容，霎时间泪如泉涌，喉间也哽咽起来。

　　医生们在进行了一连串的会诊和紧急抢救无效之后，都绝望地退出病室，找蒋百里研究后事去了。病室里只剩下了蔡锷和石陶钧两个人。

　　石陶钧含着眼泪，弯下腰身，凑到蔡锷的耳边，轻轻地呼唤了两声：

　　"艮寅、艮寅，我是醉六，我来看你来了！"

　　亲切的乡音，挚友的呼唤，似乎触动了蔡锷正在死

亡的神经。只见他的眼睑微微一颤，显然有挣扎着想再睁开一次的意思，却终于未能睁开。

　　再也控制不住的眼泪，从石陶钧的两眼内夺眶而出，瀑布似的倾泻在蔡锷的枕畔，很快就把枕巾浸湿了一大片。他伏在蔡锷枕边断断续续地呜咽地倾诉着说：

　　"艮寅、艮寅，我来迟了，我真后悔阿！我是绝对不应该让你在没有我维护的情况下，来日本治病的啊！你与范源濂一道，流落在武汉和上海街头时，听说那一次你就受了许多的苦，种下了病根了。后来，我一直后悔，当时没有能与你同行。如果当时我能在你身旁，我一定会尽量减轻你的痛苦的。以后你到了广西，写信召我去。我立即就去了。那时，我们在一起度过了一段多么令人难忘的日子啊！可是，没有多久，我又因有别的事情，离开了你。结果，当你蒙冤受诬，遭人误解与攻讦时，我又不在你的身旁，未能分担你的痛苦，更未能挺身而出，为你辩诬，保护你的清白。这件事，至今回想起来，仍然令我十分痛心，遗恨终生。袁氏阴谋复辟时，你拂袖而起，冒险出京，回滇举义，以一身担天下之重任，我与孝准、一欧等一道，虽然在日本接应了你，尽了一点微力，却又未能毅然与你同行，同走天涯，共赴南国，为你分担一些儿风险。今天回想起来，也是令我万分愧疚难释于心的。后来，在纳溪、在大州驿，我虽然也赶到了你的身旁，在那枪林弹雨、极端艰难、充满危险的日子里，霜晨月夕，陪伴你度过了无数个不眠之夜。这是令我永生难忘的，也是我一生中最值得怀念的岁月。但是现在回想起来，那时候，我对你的身体与生活也仍然是照顾不够，考虑不周，以至你喉疾日重，演为沉疴，至今悔恨，昊天何极！这一次，你到日本来治病，我内心是有疑虑的。你是我们中国今天最优秀、最有希望的人物，一些渴望中国积弱，渴望侵略中国的日本奸人会不会暗害你呢？我因见有蒋百里兄在你身旁，才放了心，没有劝阻你，也没有陪你同行。谁知沪上一别，竟成永诀！早知这样，我怎么可以离开你啊！如果我陪你一道来，尽心尽意地照顾你，提高警惕，不让任何可疑的人敢于暗害你，你一个才三十多岁的人，怎么会就这样英年早逝呢？这最后的一次，我又后悔莫及了！啊！艮寅！艮寅！你再睁开眼睛来，看我一次吧！艮寅！你应该痛骂我一顿！你的醉六，实在是太有负于你了咧！艮寅，艮寅！你不能走！不仅是我们，你的亲人需要你，现在的中国，更是多么地需要像你这样一心为国，只图奉献，毫不利己的人啊！"

挚友的倾诉与诀别，似乎再一次产生了奇迹般的效应。蔡锷的灰白色的面容，明显地出现了一阵抽搐。一缕看不见的微笑、两行晶莹的泪水，同时出现在他那在

临逝前突然变得鲜亮起来的面容上。

他的面容，突然变得那么美丽而安详。但，没有多久，他的眼睑又紧紧地闭上了。

他，这位曾经牵动过4亿多中国人民的心，曾经只手挽起过整个国家与民族命运的34岁的佩剑将军，就这样安详而美丽地逝去了，永远地离开了人间。

1916年11月10日下午4时许，蔡锷病逝于日本福冈医院，消息传到中国，举国震痛，万民含悲。

当天下午，中华民国大总统黎元洪和蔡锷的故乡湖南督军兼省长谭延闿，就分别发出了唁电和褒扬令。

黎元洪的电文说：

勋一位上将衔中将蔡锷，才略冠时，志气宏毅，年来奔走军旅，维护共和，厥功尤伟。前在四川督军任内，以积劳致疾，请假赴日就医，方期调理可瘥，长资倚畀。遽闻溘逝，震悼殊深。所有身后一切事宜，即著驻日公使章宗祥遴派专员，妥为照料，给银二万元治丧，俟灵柩回国之日，另行派员致祭，并交国务院从优议恤，以示笃念殊勋之至意。此令。

湖南省省长谭延闿的电文是：

惊闻松公溘逝，悲悼同深，溯自辛亥以来，此公义旗首拔，艰险备尝，缔造共和，厥功最伟，且频年为国宣劳，家无余资，尤堪痛惜。国家追念元勋，自应赐予国葬，并于立功省份特建专祠，暨择地竖立铜像，遗族从优议恤，庶足以示尊崇，而昭激励。已电请副总统主稿领衔，联络各省督军、省长合词入告，仰邀特典，用报殊勋。诸公笃怀同难，务恳飞电赞同，至为感盼。

蔡锷将军墓碑

中华爱国人物故事

一位将军,两次举义,缔护共和,身为都督,勋高一位,然而,他在北京、上海没有私寓;在湖南、邵阳没有庄园。"身后萧条,不名一线;老幼茕茕,言之心痛!"仅凭这一点,他也可以打动我数万万同胞之心!他也应该是可以永垂不朽的了。

1917年4月12日在长沙为他举行了国葬典礼,孙中

蔡锷墓

山在为蔡锷送的挽联上给他很高评价,那就是:

平生慷慨班都护,
万里间关马伏波。

蔡锷是中国近代史上的杰出军事家、爱国主义者。在他短暂的一生中主要做了两件大事,即参与领导云南重九起义和反袁护国战争,都属于旧民主主义革命的范畴,在当时的历史条件是进步,其功绩也是第一位的。

蔡锷在辛亥革命前,追随过以梁启超为代表的君主立宪派,然而辛亥革命一爆发,他毅然投身于革命洪流之中,领导重九起义对武昌起义积极响应。辛亥革命后他曾对袁世凯抱有很大幻想,但在袁世凯出卖祖国和恢复帝制的阴谋暴露出来以后,他又毅然举起了武装讨袁的旗帜,最后虽然不是战死疆场,却因疆场劳顿积劳成疾而病逝,为中国人民的进步事业作出了重要贡献,虽然他的一生只活了34个春秋,但却如金子般的光彩照人,很好地实现了他自己的人生价值。他的杰出的军事思想、伟大的爱国主义精神及为政清廉崇尚实干的工作作风都是值得我们学习的宝贵财富。

中华爱国人物故事

ZHONGHUA AIGUO RENWU GUSHI